新编21世纪
高等职业教育精品教材
旅游大类

邮轮休闲娱乐服务与管理

主　编　金　之
副主编　李书芳　肖文捷
参　编　周寒琼　侯宝锁　徐云婕
　　　　陈庆龙　宋　薇

中国人民大学出版社
·北京·

图书在版编目（CIP）数据

邮轮休闲娱乐服务与管理 / 金之主编. -- 北京 : 中国人民大学出版社，2024.5

新编 21 世纪高等职业教育精品教材 · 旅游大类

ISBN 978-7-300-32111-0

Ⅰ. ①邮… Ⅱ. ①金… Ⅲ. ①旅游船－休闲娱乐－商业服务－高等职业教育－教材②旅游船－休闲娱乐－商业管理－高等职业教育－教材 Ⅳ. ① F590.7 ② F719.5

中国国家版本馆 CIP 数据核字（2023）第 162708 号

新编 21 世纪高等职业教育精品教材 · 旅游大类

邮轮休闲娱乐服务与管理

主　编　金　之

副主编　李书芳　肖文捷

参　编　周寒琼　侯宝锁　徐云婕　陈庆龙　宋　薇

Youlun Xiuxian Yule Fuwu yu Guanli

出版发行　中国人民大学出版社

社　　址　北京中关村大街 31 号　　　邮政编码　100080

电　　话　010－62511242（总编室）　　010－62511770（质管部）

　　　　　010－82501766（邮购部）　　010－62514148（门市部）

　　　　　010－62515195（发行公司）　010－62515275（盗版举报）

网　　址　http://www.crup.com.cn

经　　销　新华书店

印　　刷　北京瑞禾彩色印刷有限公司

开　　本　787 mm × 1092 mm　1/16　　版　　次　2024 年 5 月第 1 版

印　　张　10.75　　　　　　　　　　　印　　次　2024 年 5 月第 1 次印刷

字　　数　189 000　　　　　　　　　　定　　价　46.00 元

前言

近年来，随着人们生活水平的提高和消费需求的升级，邮轮旅游规模迅速扩大，邮轮产业得到快速发展。以中国为代表的亚太地区邮轮市场需求激增，正在推动以大型邮轮设计建造为代表的邮轮产业进入一个“黄金时期”。

早在 2018 年 9 月，交通运输部、文化和旅游部等十部门联合发布《关于促进我国邮轮经济发展的若干意见》，提出重点发展邮轮旅游市场、丰富邮轮旅游产品、完善港口综合服务功能，到 2035 年，基本形成体系完善、效率显著的邮轮产业链，邮轮旅客年运输量达到 1 400 万人次。2022 年 8 月工信部等五部委联合印发的《关于加快邮轮游艇装备及产业发展的实施意见》提出，到 2025 年，邮轮游艇装备产业体系初步建成，国产大型邮轮建成交付，中型邮轮加快推进，小型邮轮实现批量建造，游艇产品系列多样规模化生产，旅游客船提档升级特色化发展。

邮轮产业链长、带动作用大，对提升现代服务业水平、促进海洋经济发展具有重要意义。本教材严格依照国际邮轮乘务管理专业教学标准（专业代码：500304）、国际海事法、国际海上人命安全公约（SOLAS）、国际邮轮口岸旅游服务规范（LB/T 017—2011）、“1+X”邮轮运营服务职业技能等级（中、高级）技能点和校企合作邮轮企业操作流程设计教学内容，具体包括邮轮休闲娱乐服务概述、邮轮娱乐部的组

织结构与岗位职责、邮轮健身中心的服务与管理、邮轮休闲保健类活动的服务与管理、邮轮参与体验型休闲娱乐活动的服务与管理、邮轮户外活动的服务与管理、邮轮儿童娱乐服务与管理、邮轮休闲娱乐服务安全管理等，全面培养学生的服务、管理能力和职业素养。

本教材在编写过程中得到了爱达邮轮、星旅远洋国际邮轮公司、开元旅业和雷迪森酒店集团的大力支持与帮助，在此表示感谢。由于编者水平有限，书中难免存在疏漏之处，诚请广大师生和读者批评指正，以便日后进一步修改完善。

目录

第一章

邮轮休闲娱乐服务概述

知识目标

1. 掌握邮轮休闲娱乐服务的概念。
2. 了解邮轮休闲娱乐服务的特点。
3. 理解邮轮休闲娱乐服务的重要性。

能力目标

1. 能区分邮轮休闲娱乐服务与其他服务。
2. 能感知游客的精神文化需求。
3. 能够分析邮轮休闲娱乐服务的发展趋势。

素养目标

1. 树立正确的职业观。
2. 培养创新思维。

思政园地

习近平总书记在党的十九大报告中指出："中国特色社会主义进入新时代，我国社会主要矛盾已经转化为人民日益增长的美好生活需要和不平衡不充分的发展之间的矛盾。"随着社会的发展与进步，人们在物质需要上不再是追求解决温饱问题，而是开始追求吃得舒适、健康、安全，甚至开始追求保健、养生。在文化需要上不再是追求基本的教育、文化娱乐，而是开始追求更高层次的教育与文化娱乐：不仅追求知识技能方面的教育传授，而且追求思想、精神方面的教育熏陶；不仅追求身体愉悦方面的文化娱乐，而且追求心智愉悦方面的文化娱乐。

学习内容

邮轮业的发展历史可以追溯到19世纪，最早的邮轮是为了运送邮件和货物而建造的，但随着旅游业的兴起，邮轮逐渐成为一种豪华的度假方式。在20世纪中期，随着航空业的崛起，邮轮业受到了一定的冲击。但是，邮轮业通过不断升级和改进，如增加娱乐设施、提供更多的服务和舒适的住宿条件等，成功地重新吸引了游客。目前，邮轮业已经成为一个全球性的旅游产业，被誉为“漂浮在黄金水道上的黄金产业”。

因为设计建造难度极高，大型邮轮与大型液化天然气运输船、航空母舰一起，被誉为造船工业“皇冠上最耀眼的明珠”，直接反映着一个国家的装备建造能力和综合科技水平。2016年，原中国船舶工业集团有限公司与意大利芬坎蒂尼公司签署协议，双方合资设立豪华邮轮设计建造公司。该公司由原中国船舶工业集团有限公司旗下的中船邮轮科技发展有限公司控股60%，意大利芬坎蒂尼公司持股40%。同时，上海外高桥造船有限公司负责合资公司豪华邮轮的建造和交付。首艘国产大型邮轮于2023年年底交付使用，总吨位为13.55万吨，拥有客房2 125间，可载乘客5 246人；第二艘国产大型邮轮已正式进入设计和建造阶段。

邮轮娱乐部在邮轮上扮演着一个重要的角色，为游客提供了各种各样的娱乐和休闲活动，满足了游客在船上度假的需求，成为邮轮度假的重要组成部分。邮轮娱乐部的发展可以追溯到20世纪初期，当时邮轮娱乐部主要提供一些简单的活动，如舞会、音乐会和小型游乐场等。随着邮轮业的发展，邮轮娱乐部不断升级和改进，增加了更多的娱乐设施和活动。现在，邮轮娱乐部已经具有非常完善的设施，如游泳池、水上乐园、电影院、健身房等。除了传统的娱乐设施和活动外，邮轮娱乐部还提供了一些新颖的体验，如冰上运动、高尔夫球、滑水、攀岩、飞行模拟器等。这些活动为游客提供了更多的选择，让他们在船上能度过一个充实而愉快的假期。可见，娱乐部在邮轮上起着重要的作用，而邮轮休闲娱乐服务则成为邮轮业发展成功的关键。本章主要对邮轮休闲娱乐服务的概念、特点、重要性以及发展趋势进行初步的论述。

第一节 邮轮休闲娱乐服务的概念

随着社会的进步，经济、科学、文化、交通、旅游等方面都有了长足的发展，休闲娱乐活动形成了消费大市场，休闲娱乐场所也逐渐成为文化交流之地。休闲娱乐活动的内容很多，主要包括康体娱乐、保健娱乐、休闲娱乐等。

邮轮休闲娱乐服务的概念

邮轮休闲娱乐活动是游客在邮轮上参与的主要活动之一。国际上知名的国际邮轮公司，如嘉年华邮轮公司、美国皇家加勒比邮轮、歌诗达邮轮、丽星邮轮等，对邮轮上的休闲娱乐活动都非常重视。从各邮轮公司争相建造巨型邮轮可以看出，目前，邮轮上的休闲娱乐活动趋于多样化、娱乐场所趋于大型化、娱乐设施设备趋于高端化。

由于提供服务的大环境为邮轮这一移动的旅游度假村，因此邮轮休闲娱乐服务指的是工作人员通过商业销售、及时制作加工和服务性劳动等，在邮轮上向游客提供休闲娱乐活动场所及在休闲娱乐场所为游客进行休闲娱乐活动提供的各种服务，包括但不限于游泳、水上乐园、电影院、音乐会、演出、舞蹈、健身房、美食和饮品选择等。

邮轮休闲娱乐服务旨在让游客在船上度过一个充实而愉快的假期，满足他们在度假中的各种需求，可以进一步细分为以下几个方面：

（1）提供多样化的娱乐设施：包括游泳池、水上乐园、电影院、健身房等各种各样的娱乐设施，以满足游客在船上度假的各种需求。

（2）提供新颖的体验：现代的邮轮休闲娱乐服务还包括一些新颖的体验，如冰上运动、高尔夫球、滑水、攀岩、飞行模拟器等，让游客在船上体验不同寻常的活动。

（3）提供个性化服务：邮轮休闲娱乐服务还包括为游客提供个性化的服务，如为儿童提供儿童游乐设施和活动、为老年人提供舒适的休息区等，以满足不同游客的需求。

第二节 邮轮休闲娱乐服务的特点

一、从业人员专业技能高

邮轮上的休闲娱乐项目大多数专业性较强，技术要求也较高，如高尔夫、网球、桌球、技艺表演、美容等，这就要求从业人员不仅要熟练掌握所负责的设施设备的性能、结构和特点，还要掌握相关的娱乐规则和比赛方式等，甚至还要具备娴熟的运动技艺。

二、安全要求高

邮轮除靠港外的其他时间几乎都是航行在海上，远离陆地，虽然邮轮上也设置有安全部门、医疗部门等以应对突发事件的发生，但其与陆地上的安全部门、医疗部门相比，无论是设施设备还是技能等方面都存在差距，且如果遇到邮轮上无法解决的问题时也不能及时地寻求外援，所以邮轮上休闲娱乐项目服务的安全至关重要。由于娱乐部健身运动专业技术性较强，对初来健身的游客，服务人员应热情讲解运动器具的性能、作用和使用方法，并为游客做必要的示范；游客锻炼时，服务人员要站立于一旁留心观察，及时正确指导；冲浪、攀岩等冒险性的娱乐活动，服务人员一方面要监管设施设备的工作状况，另一方面要为游客做相应的指导和示范；游泳池的救生员要时刻注意泳池的动态，防止发生溺水事件；桑拿房的服务人员对初次洗桑拿的游客，要耐心介绍桑拿须知，并留心蒸房内的异样情况；为游客提供推拿服务时更要注意安全，推拿涉及人体的多个部位，且危险系数较高，服务人员要有娴熟的推拿技术，且要时刻询问和关注游客的状态等。

三、重视设施设备的维护

设施设备是休闲娱乐服务质量的物质基础，加强对设施设备的维护保养是休闲娱乐服务管理的重要组成部分，是日常服务工作中的一个重要基础环节。它一方面关系到邮轮上游客及娱乐部员工的安全、娱乐服务的服务质量；另一方面也决定了设施设备的使用寿命和完好率，从而最终影响到邮轮公司的经营成本和整体经济利益。由于娱乐部服务项目多，现代化的设施设备是必要的物资条件，因此，按规范对设施设备进行精心的维护保养，以利于正常运转和保持娱乐环境的整洁优雅，是十分重要的。

四、消费主体的不稳定性

邮轮休闲娱乐服务是为了满足游客基本生活需求以外的更高层次的需求。游客个人的兴趣、爱好、年龄、健康状况等因素会影响其前往娱乐服务场所的次数及消费状况。因此，要设置或安排适合不同人群的娱乐项目，且在邮轮休闲娱乐服务过程中，应针对不同游客的各种特点，采取不同的服务方式，从而达到较高的服务水平。例如，针对不同年龄段的游客，邮轮上应设置儿童游乐区、年轻人游乐区以及老年人游乐区等。

五、服务的全面性

邮轮可称为移动的酒店，正由于其移动性，所以相应的休闲娱乐服务一定要尽可能全面。酒店的娱乐活动或服务可以以周边的娱乐场所或设施为支撑，且酒店是以住宿为主、娱乐为辅，所以娱乐服务相对来说比较单一。即使现在有许多独立于酒店的娱乐场所，如健身房、夜总会、卡拉 OK 厅、洗浴中心、SPA 会所、游乐园等，但其各自的功能性也都相对单一。邮轮旅游作为一种高端的旅游活动，其主要目的是休闲娱乐，而住宿则成为满足娱乐需求的辅助元素，这一点恰好与酒店相反。因此，邮轮上的休闲娱乐服务涵盖了尽可能多的娱乐活动，如康体类娱乐活动（高尔夫、保龄球、台球、网球、健身房、游泳池等）、保健类娱乐活动（桑拿浴、SPA、按摩、针灸、美容美发等）、休闲娱乐类活动（夜总会、卡拉 OK、歌剧院、酒吧、攀岩、冲浪、蹦极、拳击等）。这主要体现了邮轮休闲娱乐服务的全面性，且由于新型的娱乐项目层出不穷，未来邮轮的娱乐服务将更加丰富多彩。

六、经营管理的灵活性

邮轮休闲娱乐服务经营管理的灵活性主要表现在服务项目的设置和服务员工的调配方面。邮轮要根据游客的不同娱乐需求提供种类多样的服务项目，还要依据相应的天气情况决定娱乐项目的营业时间。娱乐部门的员工在服务游客的过程中，可以直接参与陪练，也可以向游客提供技术指导和咨询服务。在一定时间内邮轮上的员工是相对固定的，所有员工都由邮轮公司总部统一调配，所以作为单体的邮轮，在遇到一些特殊情况时，比如某个项目参与的游客特别多，就需要娱乐部门能够在本部门内部或本部门与其他部门之间灵活地调配员工。综上所述，邮轮娱乐部的服务不像邮轮上其他部门如餐饮、客房等部门的服务那样稳定，因此必须根据具体情况具体分析，采用灵活的经营管理方式，以达到较好的经营效果。

七、经营项目的选择性

休闲娱乐项目种类繁多、层出不穷，而邮轮的空间有限，不可能面面俱到，所以要在有限的空间内有所选择地设置休闲娱乐服务项目。在选择项目时，要依据航线上经过的不同国家（地区）的客源构成和居民风俗习惯、爱好等来确定。特别是国际邮轮，航线跨度比较大，要比较全面地了解不同国家（地区）的居民风俗习惯和爱好，尽可能满足游客的娱乐需求。

八、经营管理过程中的协作性（综合性）

邮轮休闲娱乐服务是一种综合性服务，它以休闲娱乐为主要内容，以提供优质服务和获取最佳的经济利益为主要目的，是游客在邮轮上的主要消费品。它不仅要求在娱乐部门内统一协调，而且要与邮轮的餐饮部、购物部、摄影部等密切配合，加强协作，在保证休闲娱乐活动顺利进行的同时，也能及时提供食品、酒水、购物、摄影等服务。例如，邮轮上的影剧院内部、游泳池旁会配有专门的酒吧，自助餐厅设置有专门的儿童游乐区，在一些娱乐场所还会有专门的摄影师为游客拍照。

第三节 邮轮休闲娱乐服务的重要性

现代消费观念认为，邮轮除了体现其交通工具的功能，提供基本的住宿和餐饮等服务外，还应该是一个包罗万象、应有尽有的小社会。邮轮由于其移动性的特点，缺少周边娱乐场所的支撑，而游客参与邮轮旅游的主要目的就是获取休闲娱乐的体验。因此邮轮休闲娱乐服务应提供多样化的娱乐设施和多种服务以满足游客在娱乐、自我实现及提高生活质量等方面的精神需求。

一、提供多样化的休闲娱乐设施

邮轮休闲娱乐服务为游客提供了各种各样的娱乐设施，如游泳池、水上乐园、电影院、健身房等，能够满足游客在船上度假的各种需求。

二、增加游客满意度

邮轮休闲娱乐服务是提高游客满意度的重要手段之一。如果游客在邮轮上度过了快乐、愉悦的时光，则评价会较好，从而有助于提升邮轮公司的口碑。

三、吸引游客

游客选择邮轮旅游，是因为邮轮能够提供丰富多样的娱乐和休闲活动，让他们度过一个难忘的假期。邮轮休闲娱乐服务是吸引游客的重要因素之一。

四、增加收入来源

邮轮休闲娱乐服务还可以为邮轮公司带来更多的收入来源，如提供收费健身课程等服务，能够为邮轮公司带来更多的利润。

第四节　邮轮休闲娱乐服务的发展趋势

随着邮轮旅游的不断发展，邮轮休闲娱乐服务也在不断升级和改进。以下是邮轮休闲娱乐服务的发展趋势。

一、个性化服务

随着人们个性化服务需求的不断增加，邮轮休闲娱乐服务也会向个性化服务方向发展。邮轮公司将会更加注重为不同游客提供个性化的服务，如为儿童提供儿童游乐设施和活动、为老年人提供舒适的休息区等。

二、数字化服务

随着科技的不断发展，邮轮休闲娱乐服务也将会向数字化服务方向发展。邮轮公司将会更加注重为游客提供数字化娱乐和休闲活动，如 VR 游戏、数字化电影院等。嘉年华微风号提供了惊险 5D 影院新体验；2014 年与游客见面的皇家加勒比邮轮公司豪华邮轮海洋量子号被称为游戏的颠覆者，该邮轮上设置的“北极星”胶囊舱和模拟跳伞项目，都有较高的科技含量；2022 年首航的海洋奇迹号则设计了高空跳水特技表演。

三、环保服务

随着人们环保意识的不断提高，邮轮休闲娱乐服务也向环保服务方向发展。邮轮公司将会更加注重为游客提供环保的娱乐和休闲活动，如环保水上乐园、环保健身房等。

四、健康服务

随着人们对健康的重视，邮轮休闲娱乐服务也向健康服务方向发展。邮轮公司将会更加注重为游客提供健康的娱乐和休闲活动，如瑜伽课程、体态评估等。

五、互动服务

随着社交媒体的不断发展，邮轮休闲娱乐服务也向互动服务方向发展。邮轮公司将会更加注重为游客提供互动的娱乐和休闲活动，如互动游戏、社交舞会等。

总体来说，休闲娱乐服务在邮轮上的作用越来越重要，甚至成为游客对邮轮进行评价的重要指标。在激烈的邮轮旅游市场竞争中，休闲娱乐服务成为邮轮特色经营的体现。邮轮公司实施差异化竞争战略的关键在于推出不同于竞争对手的特色产品，为游客提供更多的体验项目，而休闲娱乐服务正是邮轮彰显个性和突出风格的重要内容，有利于形成特色的邮轮品牌，并最终赢得市场的认可。

第二章

邮轮娱乐部的组织结构与岗位职责

知识目标

1. 了解邮轮娱乐部的组织结构。
2. 熟悉各个岗位的具体岗位职责。

能力目标

1. 能区分娱乐部的不同岗位。
2. 能构建邮轮娱乐部的组织结构。

素养目标

1. 培养恪守岗位责任的职业道德。
2. 培养服从上级领导、团队合作的工作精神。

思政园地

习近平总书记在党的二十大报告中强调“必须坚持守正创新”，守正才能不迷失方向、不犯颠覆性错误，创新才能把握时代、引领时代。党的二十大精神启示我们，“知常明变者赢，守正创新者进”，科学合理的组织结构、严格的管理制度和岗位责任制是现代企业管理的基本要素。

学习内容

科学合理的组织结构、严格的管理制度和岗位责任制是现代企业管理的基本要素，对企业的稳定发展和长远发展具有重要的作用。

科学合理的组织结构能够使企业内部机构和职能互相协调、衔接，避免资源浪费和重复劳动，提高工作效率和业绩。

严格的管理制度使企业管理者能够全面监管企业的各项业务，防止财务造假和腐败现象的发生，确保企业运营的合法性、规范性、透明性和公正性。

岗位责任制能够明确工作职责、界定工作范围、规范工作流程和考核工作成果，提高工作效率、工作质量，减少工作失误。

有了良好的组织结构和管理制度后，邮轮企业能够实现各项工作的协调、高效和规范，调动员工积极性，提高企业的绩效和竞争力，为持续发展提供可靠的保障。

邮轮娱乐部是负责整个邮轮娱乐设施运营管理的职能部门，要在邮轮总监的统一领导下，组织运营，贯彻执行邮轮制定的各项管理制度、计划，完成下达的指标等。

首先，邮轮娱乐部要积极与其他部门配合，完成邮轮预定的营业指标，增加邮轮收入，为邮轮多创利润；其次，要利用娱乐设施，引导游客消费，为游客提供个性化服务，满足游客的不同需求；最后，要通过特有的娱乐设施和服务项目，为游客提供完善的服务，不断提高游客的满意度，从而提升邮轮的整体形象。

第一节 邮轮娱乐部的组织结构

一、邮轮娱乐部组织结构的设置原则

娱乐设施及服务项目在邮轮中占有重要的地位，既可以满足游客娱乐休闲的需要，又能够提高邮轮档次、吸引更多游客和增加邮轮经济效益。在邮轮运营与管理过程中，休闲娱乐服务管理是相对复杂的，这是因为邮轮休闲娱乐服务项目较多，品牌各异，消费方式、计价方式、服务方式差别较大。合理的组织结构设置、明确的岗位责任、健全的规章制度、完善的服务程序与规范，是保证邮轮休闲娱乐服务经营管理处于良性循环的先决条件。

（1）组织结构应该能够满足各种游客的需求和兴趣，包括不同年龄段和文化背景的游客。

（2）组织结构可以支持提供多样化的娱乐节目和活动，涵盖音乐、舞蹈、戏剧、游戏等各种形式。

（3）组织结构可以促进各个部门之间的协调合作，确保娱乐活动的顺利进行和

游客体验的一致性。

（4）组织结构应该有助于确保娱乐设施的安全运营，并提高运营效率，以满足游客的需求。

（5）各个部门应该有专业化的管理人员，负责管理和监督各自的工作，并根据需要进行调整和优化。

（6）组织结构应该具有一定的灵活性和创新性，以适应不断变化的市场需求和游客喜好，同时能够快速响应和调整。

（7）能持续收集游客反馈和评估数据，及时调整和改进组织结构，提高游客满意度和娱乐活动的质量。

二、组织结构

娱乐部作为邮轮上的重要组成部分，其职务设计与其他各部门大致相同，实行总监负责制的垂直领导管理体制，并各自向上级领导负责。但是，在娱乐部的隶属关系方面，欧美地区的邮轮和亚洲地区的邮轮有所不同。欧美地区邮轮的娱乐部一般直属邮轮总监领导；而亚洲地区的邮轮大多是将娱乐部隶属于某一个部门，如餐饮部或前厅部等。邮轮娱乐部通常由总监、总监助理、各部门主管、领班及各岗位服务员组成，其结构模式一般有以下几种。

邮轮娱乐部的组织结构

（1）传统欧美模式。娱乐部在邮轮中是一个中层机构，与酒店部的其他部门并列（见图 2－1）。

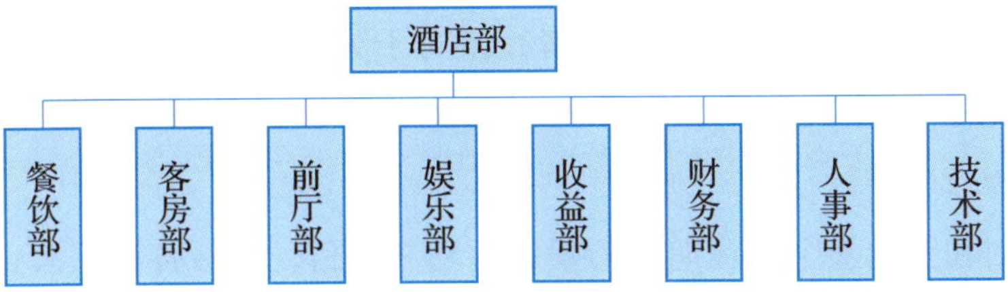

图 2－1　传统欧美模式

（2）亚洲模式。娱乐部在邮轮中隶属于某一个中层部门，如隶属于餐饮部，或隶属于其他某一个相关部门。

（3）根据邮轮娱乐服务项目设计的模式。娱乐部作为邮轮一个独立的中层部门单独设置，并且根据各娱乐项目的性质和特点，将娱乐部细分为几个子部门，各子部门分别设立主管、领班。此种模式的邮轮娱乐部的从属关系一般有两种形式：一是对于设施项目较少的邮轮，娱乐部一般归属餐饮部或客房部管理；二是对于设施项目较多的邮轮，娱乐部一般与餐饮部或客房部并列为主要部门。从专业化管理的要求来看，娱乐设施宜集中设置，统一管理。采用这种形式，游泳池、桑拿室、健身房、网球场、按摩室等各项设施项目就能相对集中，其所需要的更衣室、淋浴室、卫生间等配套设施就可以共用，节省了邮轮空间，提高了使用效率。

第二节 邮轮娱乐部的岗位职责

娱乐部的营业场所在邮轮上一般比较分散，营销活动独立性较强，各个服务项目的差异性大。因此，详细的岗位责任制度对于邮轮娱乐服务管理非常重要。

邮轮娱乐部是保证邮轮正常运营的重要部门之一，有着庞大的人员系统，而娱乐部总监是娱乐部的最高负责人，其业务水平的高低和工作能力的强弱，对娱乐部乃至整个邮轮经营会产生十分重要的影响。

一、娱乐部总监

娱乐部总监需要协调邮轮上的所有娱乐活动，负责主持游客登船欢迎会和船长招待会，是邮轮员工和游客之间的沟通纽带。娱乐部整个团队一般还包括：娱乐部总监助理，是娱乐部总监的得力助手；邮轮活动主持人、舞台制作人员、娱乐服务人员、儿童娱乐服务人员、运动教练等。

娱乐部总监是规划、组织和执行整个航程期间的娱乐活动和节目的主要责任人，是邮轮娱乐部门的领导者和活动策划者，致力于为游客提供丰富多彩的娱乐体验。主要工作职责有：

1. 航程活动规划

负责规划和安排整个航程期间的娱乐活动和节目，包括各种表演、音乐会、舞蹈派对、游戏、体育比赛、工作坊等，旨在满足不同年龄和兴趣的游客需求。

2. 活动执行

与船上的娱乐团队和其他部门密切合作，确保所有活动和节目按计划进行。同时需要主持活动，向游客介绍节目和邀请游客参与互动。

3. 团队管理

领导和管理船上的娱乐团队，包括舞台表演者、活动主持人等。同时负责招聘、培训和指导团队成员。

4. 与游客互动

倾听游客的意见和反馈，并根据需要调整活动和节目。娱乐部总监是游客与娱乐部之间的重要联系人，负责确保每位游客都能享受到愉快的航程体验。

5. 宣传推广

负责宣传和推广船上的娱乐活动和节目，通过船上公告、海报、社交媒体等渠道向游客宣传即将举行的活动。

6. 应急响应

在必要时，负责应对紧急情况并采取适当的措施，确保游客和船员的安全。

二、娱乐部总监助理

娱乐部总监助理是娱乐部总监的助理，负责规划和执行整个航程期间的活动安排，包括但不限于组织和安排各种娱乐活动、协调船上工作人员以及与其他部门合作、处理问题和投诉。

（一）娱乐部总监助理的工作职责

1. 安排娱乐活动

与娱乐部总监一起制定并安排各种船上活动，包括游戏、比赛、主题派对等，确保为游客提供多样化和愉快的娱乐体验。

2. 指导船上工作人员

协助培训和指导娱乐部的工作人员，确保他们了解并能够有效地执行航程期间的活动安排。

3. 与其他部门合作

与餐饮部门、客户服务部门和其他部门密切合作，协调活动。

4. 处理问题和投诉

协助处理游客在休闲娱乐活动中出现的问题和投诉，提供解决方案。

5. 执行其他职责

根据娱乐部总监的安排，配合其他休闲娱乐活动的相关工作。

（二）娱乐部总监助理的任职要求

1. 沟通能力

良好的口头和书面沟通能力，能够与不同背景和文化的游客和员工进行有效沟通。

2. 组织能力

具备良好的组织能力和时间管理能力，能够有效地安排和协调航程期间的各种活动和任务。

3. 团队合作能力

能够与团队成员和其他部门紧密合作。

4. 客户服务技能

具备出色的客户服务技能和解决问题的能力，能够满足游客的需求和处理突发情况。

5. 经验与资历

需要具备相关领域的工作经验，如娱乐活动策划、旅游管理等，并且需要具备相关的学历背景或培训证书。

三、邮轮活动主持人

邮轮活动主持人是负责组织和主持休闲娱乐活动的职位。

（一）邮轮活动主持人的工作职责

1. 主持活动

在活动现场担任主持人，与游客进行互动。

2. 与其他部门合作

与餐饮部门、客户服务部门等其他部门密切合作，协调活动安排。

3. 促进社交互动

鼓励游客之间的交流和互动，营造友好的氛围，使游客能够享受到邮轮休闲娱乐活动的乐趣。

4. 提供客户服务

为游客提供优质的客户服务，解答他们的问题、处理投诉。

5. 协助其他娱乐团队

在需要时协助其他娱乐团队，如舞台表演者、音乐家等。

（二）邮轮活动主持人的任职要求

1. 沟通能力

良好的口头和书面沟通能力，能够与不同背景和文化的游客和员工进行有效沟通。

2. 社交技能

具备出色的人际交往能力，能够营造愉快的氛围并促进游客之间的互动和交流。

3. 组织能力

具备良好的组织能力和时间管理能力，能够有效地安排和协调各种娱乐活动，并确保活动的顺利进行。

4. 客户服务技能

具备出色的客户服务技能，能够满足游客的需求并处理突发情况，确保他们在活动中得到良好的体验。

5. 娱乐行业背景

需要具备相关的娱乐行业背景或工作经验，如主持、表演、舞蹈或其他娱乐活动相关的经验。

四、舞台制作人员

舞台制作人员负责组织和执行娱乐节目的表演，包括舞台剧、音乐会、舞蹈表演等。

（一）舞台制作人员的工作职责

1. 表演节目策划

负责与船上娱乐团队合作，策划和制定邮轮娱乐表演节目并保证节目质量。

2. 演出准备

安排邮轮上表演的排练和准备工作，包括舞蹈排练、歌唱排练、舞台布景等。

3. 指导表演团队

协助指导表演团队，包括提供指导和培训。

4. 舞台管理

负责表演舞台的管理和运作，包括舞台设备的设置、舞台灯光和音响效果的调整，以及演出期间的舞台监督和支持。

5. 演出执行

在演出期间负责节目的执行和管理，包括演出场地的准备、演员的表现和演出效果等。

6. 节目调整和改进

根据游客反馈和演出效果，及时调整和改进表演节目。

7. 与其他部门合作

与餐饮部门、客户服务部门等其他部门密切合作，协调活动安排。

(二)舞台制作人员的任职要求

1. 表演技能

具备出色的表演技能,包括舞台表演、歌唱、舞蹈等方面的工作经验。

2. 团队合作

能够与团队成员和其他部门紧密合作。

3. 组织能力

具备良好的组织能力和时间管理能力,能够有效地安排和协调演出活动。

4. 创意和创新

具备创意和创新能力,能够为节目带来新颖的概念和元素。

5. 舞台技术知识

对舞台灯光、音响和舞台布景等技术方面有一定的了解和掌握,能够应对船上表演舞台的技术需求。

6. 经验与资格

需要具备相关领域的表演经验,如舞台表演、音乐剧、舞蹈等,并且需要具备相关的学历背景或培训证书。

五、娱乐服务人员

娱乐服务人员负责组织和执行船上各种娱乐活动。

(一)娱乐服务人员的工作职责

1. 组织娱乐活动

策划、组织和执行各种邮轮上的娱乐活动,包括游戏、比赛、工作坊、主题派对、舞蹈课程等。

2. 参与表演

参与邮轮上的娱乐节目的表演,如舞台剧、音乐会、游戏节目等。

3. 与游客互动

与游客积极互动,提供友好、热情和个性化的服务。

4. 协助娱乐部总监

协助娱乐部总监执行日常工作,包括制定活动日程安排、与其他部门协调和合作等。

5. 参与安全演习

参与邮轮上的安全演习和培训,能够有效地执行应急程序,以保障游客和自身的安全。

6. 执行其他职责

根据娱乐部的需要，执行其他与娱乐活动相关的工作职责。

（二）娱乐服务人员的任职要求

1. 人际交往能力

具备良好的人际交往能力，热情、友好并乐于与游客互动。

2. 团队合作

能够与团队成员和其他部门紧密合作。

3. 娱乐技能

具备一定的娱乐才能和表演技能。

4. 沟通能力

具备良好的口头和书面沟通能力，能够清晰地表达自己，能与游客有效地交流。

5. 灵活性

具备灵活性和适应性，能够适应邮轮上的工作环境和不同的工作安排。

6. 安全意识

具备良好的安全意识，遵守邮轮上的安全规定和程序，能够有效地应对紧急情况。

六、儿童娱乐服务人员

儿童娱乐服务人员是专门负责为未成年游客提供娱乐服务的工作人员。

（一）儿童娱乐服务人员的工作职责

1. 组织儿童活动

策划、组织和执行各种儿童活动，包括游戏、手工艺、绘画、表演、主题派对等。

2. 照顾和监督儿童

负责照顾和监督儿童参加活动，确保他们在娱乐活动中的安全。

3. 教育和启发

通过各种娱乐活动和游戏，教育和启发儿童，促进他们的想象力、创造力和学习兴趣，同时传递积极的价值观和社交技能。

4. 与家长沟通

与儿童的家长保持密切联系，提供关于儿童活动和服务的信息，了解家长的需求和要求。

5. 维护设施和设备

负责维护和管理儿童娱乐设施和设备。

6. 参与培训和演习

参与儿童活动员工的培训和演习，了解并遵守邮轮上的安全规定和程序，能在紧急情况下确保儿童的安全。

（二）儿童娱乐服务人员的任职要求

1. 热情和耐心

具备热情、耐心和友好的态度，喜爱与儿童互动，能够妥善处理他们的需求和情绪。

2. 儿童护理经验

有相关的儿童护理或教育经验，了解儿童的心理特点，能够提供适当的关怀和支持。

3. 团队合作

能够与团队成员和其他部门合作，共同为儿童提供优质的娱乐服务。

4. 沟通能力

具有良好的口头和书面沟通能力，能够清晰地表达自己，能与儿童和家长进行有效沟通。

5. 安全意识

具备良好的安全意识，遵守船上的安全规定和程序，能够有效地应对紧急情况。

6. 爱心和关怀

富有爱心，能够为儿童营造温馨、安全和愉快的环境。

七、运动教练

运动教练是负责组织和指导各种运动活动的专业人员，为游客提供专业的运动指导服务。

（一）运动教练的工作职责

1. 制订运动计划

根据游客的需求和实际情况，制订训练内容、个性化运动计划等。

2. 组织和指导运动课程

组织和指导各种运动课程，如瑜伽、普拉提、有氧运动、力量训练等。

3. 提供私教服务

作为游客的私人教练提供专业的技术指导，帮助他们改善运动技能和姿势，避免运动伤害，提高运动效果。

4. 组织比赛和活动

组织和主持各种运动比赛和挑战活动，如网球比赛、跑步比赛等。

5. 与游客互动

积极与游客互动，了解他们的运动偏好和需求，提供专业和个性化的服务。

6. 维护设施和器材

负责维护和管理运动设施和器材。

7. 参与培训和演习

参与邮轮的培训和演习，了解并遵守邮轮上的安全规定和程序，能够有效地应对紧急情况。

（二）运动教练的任职要求

1. 专业技能

具备相关运动项目的专业知识和技能，如瑜伽、普拉提、有氧运动、力量训练等，能够为游客提供专业的指导和教练服务。

2. 认证资质

具备相关的运动教练认证和资质。

3. 热情和耐心

具备耐心、友好和积极的态度。

4. 团队合作

能够与团队成员和其他部门紧密合作。

5. 沟通能力

良好的口头和书面沟通能力，能够清晰地表达自己，能与游客有效地交流。

6. 安全意识

具备良好的安全意识，能够遵守邮轮上的安全规定和程序，有效地应对紧急情况。

第三章

邮轮健身中心的服务与管理

知识目标

1. 了解邮轮健身中心常见健身项目及其功能。
2. 认识基本健身器材及其使用要求。
3. 掌握健身中心的服务流程。

能力目标

1. 能够分析常见健身项目的特点及功能。
2. 能够教会游客使用基本健身器材。
3. 能够与游客进行有效沟通。

素养目标

1. 培养良好的礼仪举止。
2. 传承中国传统太极和养生文化，增强文化自信和民族自信。
3. 通过体育运动，培养健康的心理。

思政园地

“全民健身我行动，强身健体保健康”倡议书

浙江省体育局、浙江省体育总会向全省人民发出如下倡议：

一、树立健身意识，形成健康新理念

健康的体质，是专心学习的需要，是辛勤工作的资本，是幸福生活的保障。积极树立“健康第一，终身锻炼”的健康理念，让“体育生活化，健身经常化”，给健身以时间和空间，把心动变成行动，把感受变成享受，人人参与健身活动，人人享受健康生活，形成自觉锻炼、主动健身、追求健康的好风尚。

二、坚持经常锻炼，养成健身好习惯

良好的体育锻炼习惯，是身体健康的密码，是人生宝贵的财富，是走向成功的阶梯。全省人民应选择适合自身体质和兴趣爱好的健身运动项目，适时适度，持之以恒锻炼健身。全省各级各类社会体育指导员、基层体育委员、体育爱好者要积极行动起来，当好全民健身的宣传员、推广员、组织员，开展多种形式的科学健身指导，让全民健身成为一种生活常态、一种自觉行为、一份社会责任。

三、丰富健身方式，掌握锻炼好方法

只有科学健身，才能强身健体；只有科学健身，才有全民健康。各级各类机关、企事业单位、学校、乡镇（街道）、村（社区）要不断完善健身组织网络，拓展健身时间和空间，丰富健身活动方式，组织开展健步走、健身跑、登山、骑行、八段锦、太极拳、广播体操等贴近自然、简单易学的健身项目，不断提高广大人民群众身体素质，增强身体抵抗力，保持健康体魄。

全民健身，你我同行。让我们一起行动起来，从我做起，从身边做起，从现在做起，在运动中收获健康，在健康中享受快乐，在快乐中体验人生。

学习内容

邮轮上的健身中心是游客进行运动、健身和放松的场所。健身中心通常设有各种器械和设备，如跑步机、自行车、划船机、哑铃等，供游客进行有氧运动和力量训练。此外，健身中心还提供瑜伽、普拉提、舞蹈、有氧操等课程，满足游客不同的健身需求。

邮轮上的健身中心通常配备专业的邮轮娱乐服务人员和健身教练，他们会根据游客的身体状况和健身需求，为游客提供个性化的健身计划和指导。游客可以选择感兴趣的健身项目，或者参加教练推荐的课程，享受专业的健身指导和服务。在邮轮上的健身中心，游客不仅可以锻炼身体，还可以欣赏到壮丽的海景。许多邮轮的健身中心都设有落地窗，让游客在运动的同时欣赏到大海的美景，增加运动的趣味性和乐趣。

总的来说，邮轮上的健身中心是一个提供健身和休闲的理想场所，游客可以在这里得到专业的健身指导和服务，同时享受到美妙的海景，让邮轮之旅更加健康、愉快。

第一节 邮轮健身中心认知

邮轮上的健身中心是为游客提供健身和运动设施的场所，通常位于船上的特定区域，如船尾或上层甲板，主要包括以下几大区：

1. 健身器材区

健身中心通常配备各种现代化的健身器材，包括跑步机、登山机、划船机等，以满足不同游客的健身需求。

2. 有氧训练区

有氧训练区提供动感单车、椭圆机、踏步机等设备，游客可以进行心肺锻炼和燃脂运动。

3. 力量训练区

力量训练区配备各种力量训练设备，如哑铃、杠铃等，游客可以进行肌肉力量训练和塑形运动。

4. 伸展区

伸展区提供瑜伽垫、瑜伽球、瑜伽砖等设备，游客可以进行伸展放松和身体柔韧性训练。

5. 多功能训练区

多功能训练区提供各种多功能训练设备，如多功能训练机、健身器械组等，游客可以进行全身综合性训练。

第二节 常见健身项目认知

一、心肺功能训练项目

心肺功能指的是人的摄氧和将氧气转化为能量的能力，具体包括心脏制血及泵血功能、肺部摄氧及交换气体的能力、血液循环系统携带氧气至全身各个部位的效率，以及肌肉使用这些氧气的能力。因此，心肺功能的好坏直接关系到人体代谢功能的强弱和健身锻炼后机体恢复的快慢。心肺功能训练项目是一种有氧运动训练，旨在提高心肺功能和耐力。这种训练通常指有氧运动，如跑步、步行、游泳、骑自行车等。这些训练旨在提高心脏和肺部的功能，使它们能够更有效地将氧气输送到身体的各个部位，从而提高身体的健康状况。心肺功能训练项目通常由专业的健身教练或医疗专业人员设计和监督，以确保训练的安全和有效性。邮轮健身中心常见的心肺功能训练项目有踏步机、跑步机、登山机和划船机等。

（一）踏步机

踏步机能够使健身者不断重复攀爬楼梯的动作，既能增强心血管系统的功能，又能充分锻炼大腿和小腿肌肉。不过，刚刚接触踏步机的人进行剧烈锻炼往往会感觉筋疲力尽。同时要注意，踏步机通常和正常的行走是不一样的，在整个踏步的过程中，如果动作不到位，人体会出现晃动的症状，腿部也会伴随倾斜。长时间错误地使用踏步机，会对膝关节造成一定的损伤，使膝关节局部出现肿胀以及疼痛等情况。工作人员有必要向游客示范正确的动作并监督指导正在锻炼的游客。

（二）跑步机

跑步机是非常有代表性的有氧运动器材，可以模拟户外跑步的运动方式，让锻炼者在室内进行跑步训练。它的健身效果是全身性的，还能提高心肺功能和心血管功能，使锻炼者的身体素质有效提高。跑步机通常由一个带子和一个控制面板组成，锻炼者可以在带子上行走或跑步，同时可以通过控制面板调整速度和坡度。

跑步机的使用方法如下：

（1）放置机器：使用者需要将跑步机放在平坦的地面上，并将机器上的安全插销插入插槽中。

（2）穿着适合的运动鞋：确保脚部得到足够的支撑和保护。

（3）开始跑步：站在跑步机上，将机器的速度调整到适合自己的速度，然后开始行走或跑步。注意要保持正确的姿势，包括挺胸、收腹、放松肩膀等，以避免受伤。

（4）调整速度和坡度：根据自己的身体状况和训练目标，可以逐渐调整机器的速度和坡度，以增加运动强度。

（5）结束训练：当训练结束时，首先将机器的速度降至零，然后缓慢地步行或慢跑一段时间，让身体逐渐恢复平静状态。

对于新手来说，建议从低强度开始，逐渐增加运动强度和时间，以避免受伤。

（三）登山机

登山机也被称为爬山机或攀爬机。登山机的特点是可以模拟真实的登山运动，对腿部、臀部、腰部、腹部和手臂等多个肌肉群进行锻炼，是一种全身性的有氧运动训练。

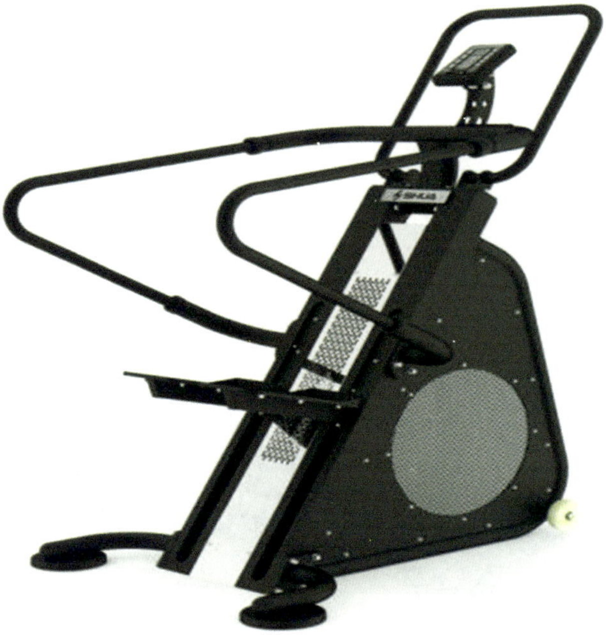

登山机通常由一个类似于楼梯的机器和一个控制面板组成，使用者可以在机器上攀爬。登山机的速度和难度可以根据使用者的能力和训练目标进行调整，可以逐渐增加难度。登山机的作用在于可以提高心肺功能、增强肌肉力量和耐力、改善心血管健康、促进脂肪燃烧和体重控制等。

在使用登山机时，需要采用正确的姿势并适当调整机器的速度和难度。对于初学者来说，应该从低强度开始，逐渐增加运动强度和时间。

（四）动感单车

目前，健身中心的骑车运动已经演变成了“动感单车”项目，这是一种固定的自行车，通过高强度有氧运动进行锻炼。虽然它与普通自行车一样有车把、车座和车轮，但是它们都被固定在地面上。人们只需要像骑普通自行车一样蹬车，就可以让车轮转动。这种单车最独特的地方在于，它的阻力可以根据个人需要自由调节，而座位和车把的高度也可以根据个人身高方便地调整。这种运动可以提高使用者的心肺功能、腿部肌肉耐力和协调性，对臀部减脂和腿部塑形也有很好的效果。同时，加上动感的音乐和灯光效果，还能缓解压力和放松身心。这种单车配备了电脑显示器，可以准确地记录骑车速度、地势和使用者的心跳速度。使用者还可以根据需要自动调节骑车的速度，以达到最佳锻炼效果。

（五）划船机

划船机是模仿划船设置的健身器材，主要练习的部位是上肢，同时也可以增强心肺功能。比较先进的划船机为齿轮链条传动，机体较长，划起来动作舒展、幅度大，而经济型的划船机则多以杠杆或气泵传动，有效滑动距离较短。划船机对腿部、腰部、上肢、胸部、背部的肌肉增强有较好的作用。每划一次，上肢、下肢、腰腹部、背部都会完成一次完整的收缩与伸展，可以达到全身肌肉的有氧练习效果。尤其对腰腹部和上臂部脂肪较多的人群，划船机运动会带来意想不到的塑身效果。

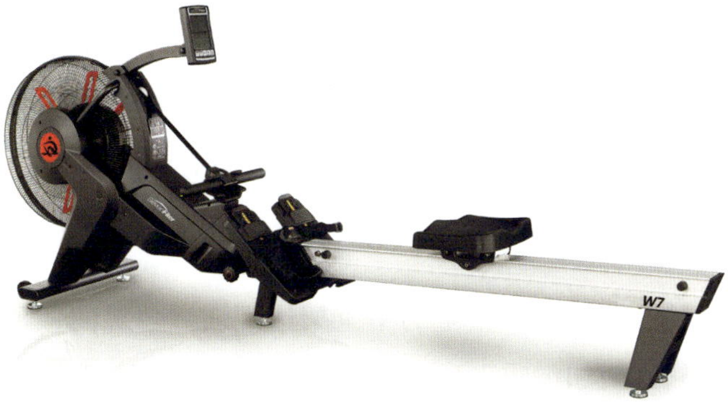

（六）椭圆机

作为一种用于心肺功能锻炼的器械，椭圆机受到不少使用者和专业人士的喜爱。椭圆机的斜坡设计、阻力抵抗调节功能、编排好的运动模式以及专门针对下肢肌肉进行锻炼的功能让它成为专业健身房和家庭起居室里常见的运动器械。椭圆机最大的特点就是运用它锻炼时，人体膝关节是不存在着力点的。采用椭圆机锻炼，不仅能预防、缓解颈椎病、肩周炎及上背部的疼痛，而且避免了跑步时所产生的冲击力，更好地保护了关节，从而具备更好的安全系数。椭圆机能增强腰部肌肉的耐力和力量，针对臀部、大腿、侧腰及小腹部进行锻炼，达到塑身的效果。

二、力量训练项目

力量训练项目是健身中心不可缺少的运动项目，适合与心肺功能训练项目配合。力量训练项目因为训练者目的的不同分为力量型训练和健美肌肉训练。力量型训练项目特别强调核心力量（尤其是股四头肌力量）的训练，因为它是全身力量的主要组成部分，而且实用性最强；健美肌肉训练项目则是围绕身体的各个部位的训练，强调全身肌肉的匀称性，反对针对某个单一的部位的强调训练。

（一）举重运动

举重运动是通过推动可调节重量的举重架达到训练效果的一种运动方式。这种运动如需增加量，只要增加举重者所需要的重量对应的铁块即可。这是一种训练手臂和胸部肌肉等的力量型运动。

（二）健美运动

健美运动是在多功能组合健身架上完成多种动作的康体运动。这种运动所使用的器械比较简便，有单一功能训练某一部位的，也有综合训练各个部位的，并且具有多功能组合型和占地面积小的特点。人体美的标准是体格健壮，体型匀称，肌肉丰满，精神饱满，姿态端正，灵敏而又洒脱，充满青春的活力。在健身中心有计划地进行健美运动，能使人体的肌肉变得健壮、有力、匀称、美观。

三、身心结合运动

（一）瑜伽

瑜伽（Yoga），最早是从印度梵语“yug”或“yuj”音译而来，其含义为“一致”、“结合”或“和谐”。瑜伽起源于印度，距今有五千多年的历史，被人们称为“世界的瑰宝”。古印度瑜伽修行者观察、模仿动物的姿势并亲自体验，创立了一个有益身心的锻炼系统，也就是体位法。瑜伽是一个通过提升意识，帮助人类充分发挥潜能的体系，可以改善人们生理、心理、情感和精神方面的能力，是一种达到身体、心灵与精神和谐统一的运动方式，包括调身的体位法、调息的呼吸法、调心的冥想法等。

（二）普拉提

普拉提是以德国人约瑟夫·普拉提命名的一种运动方式和技能。普拉提将自创的这一套独特训练动作、运动的技能称为“控制术”。普拉提夫妇总共创造了500多个动作，大部分拍成照片或纪录片被保存下来，包括垫上操及借助器械的动作。

普拉提主要是锻炼人体深层的小肌肉群，舒展躯干和肢体，强调对核心肌群的控制，加强人脑对肢体及骨骼肌肉组织的神经感应及支配。

四、健身操

健身操是融体操、音乐、舞蹈于一体的追求人体健康与美的运动项目，是邮轮上最常见的一种休闲健身活动。健身操与器械锻炼的效果有所不同，前者是以锻炼心肺功能及身体协调性、灵活性为主，并有减少皮下脂肪的作用；而后者则以肌肉锻炼为主，使皮下脂肪通过锻炼转变为肌肉。健身操是一种富有韵律性的运动。人们通过长时间持续的健身操运动，不仅能使心肺功能增强，还能锻炼大肌肉群，保持精神舒畅、活力充沛。男子健身操注重肩胸背腹部的训练，女子健身操则注重胸腰腹臀部的训练。

五、太极拳

太极拳属于武术一大拳系，是我国的非物质文化遗产。它是以中国传统儒、道哲学中的太极、阴阳辩证理念为核心思想，集颐养性情、强身健体、技击对抗等多种功能为一体，结合易学的阴阳五行之变化、中医经络学、古代的导引术和吐纳术形成的一种内外兼修、柔和、缓慢、轻灵、刚柔相济的中国传统拳术。

1949年后，太极拳被国家体委统一改编作为强身健体之体操运动，用于表演、体育比赛。改革开放后，太极拳分化为比武用的太极拳、体操运动用的太极操和太极推手。太极拳吸收了传统医学的经络、气血等理论，具有健身性。

第三节 邮轮健身中心的服务管理

一、健身中心的服务内容

（一）运动健身课程

在邮轮健身中心开设各类健身课程是为游客提供多样化、专业化的健身服务的重要组成部分。以下是一些常见的健身课程：

（1）瑜伽课程：通常包括各种体式练习、呼吸调控、冥想和放松训练。通过瑜伽练习，游客可以增强柔韧性、平衡性和身体力量，同时减轻压力、提升心理健康。

（2）普拉提课程：主要包括核心稳定性训练、身体对抗力训练和伸展放松训练。普拉提课程可以改善身体姿势、增强核心肌群、塑造身体线条，适合想要塑形和提升身体姿态的游客。

（3）有氧舞蹈课程：课程结合了舞蹈动作和有氧运动，包括拉丁舞、爵士舞、街舞等不同风格的舞蹈。有氧舞蹈课程不仅可以提高心肺功能和燃烧卡路里，还能增加游客的舞蹈技巧和表现力。

（4）踏板操课程：利用踏板操器材进行有氧运动训练，包括步伐组合、舞蹈动作和力量训练。踏板操课程可以提高心肺功能、增强下肢肌群力量，同时提升协调性和节奏感。

（5）力量训练课程：主要通过器械和自重训练来强化身体肌肉群，包括上肢、下肢和核心部位的训练。力量训练课程有助于增加肌肉力量、改善体态、提高基础代谢率，适合追求肌肉塑形和身体强健的游客。

（6）全身循环训练课程：结合了有氧运动和力量训练，通过循环的训练方式进行全身综合性训练。全身循环训练课程能够提高心肺功能、增强肌肉力量、燃烧脂肪，是一种高效的全面训练方式。

通过提供多样化的健身课程，邮轮健身中心能够满足不同游客的健身需求和兴趣。这些课程通常由专业的健身教练指导，结合音乐、动作和互动性，让游客在愉悦的氛围中享受到高质量的健身体验。

常见的邮轮公司的日常健身课程如表 3－1 所示。

表 3-1　常见的邮轮公司的日常健身课程

邮轮公司	健身课程
歌诗达邮轮公司	与健身教练一起做伸展运动
	柔软健身操
	有氧运动
	Salsa 舞蹈课程
	Tango 舞蹈课程
	Bachata 舞蹈课程
皇家加勒比邮轮公司	活力伸展
	平坦腹部速成法
	全身调节
	清晨身体舒展
	多元塑身训练
	腹部肌肉教程
	燃脂运动
公主邮轮公司	晨间清新伸展课程
	早晨太极
	下午太极
	力量伸展训练班

（二）私人训练服务

私人训练服务在邮轮健身中心中是一项重要的服务，游客可以预约私人训练课程，根据个人需求和目标制订健身计划，并得到专业的指导和建议。

在开始训练之前，专业的健身教练通常会进行初步评估，目的是了解游客的健康状况、体能水平、运动目标和特殊需求。主要项目有测量体重、身高、体脂含量，评估肌肉力量、柔韧性和有氧耐力等。根据初步评估的结果，健身教练将制订个性化的健身计划。在个人训练过程中，健身教练将提供专业的指导，确保游客训练动作的准确度，在避免运动伤害的同时最大限度地发挥训练效果。教练会密切关注游客的运动表现，监控心率、姿势和运动范围等指标，及时介入运动，进行调整和纠正，以确保训练的安全和有效性。健身教练根据游客的反馈和训练进展，适时调整和优化训练计划，并在心理上为游客提供支持和激励，使他们在健身旅程中更加坚定和自信。

（三）健身评估

健身评估服务为游客提供了全面了解自身健康状况和健身水平的机会。

健身评估服务通常从初步咨询开始。在这个阶段，健身教练会与游客进行一次简短的会话，了解他们的健康状况、健身目标以及特殊需求或禁忌。评估服务通常包括一系列生理测量，例如体重、身高、体脂含量等。这些测量的结果将作为制订个性化健身计划的基础。健身评估服务还包括一系列身体功能测试，以达到评估游客的身体功能水平的目的。这些测试包括肌肉力量测试、柔韧性测试、平衡和协调性测试等。

二、健身中心的服务流程

（一）岗前准备工作

岗前准备工作的具体内容如下：

（1）上岗前应先做自我检查，做到仪容仪表端庄、整洁，符合邮轮服务要求。

（2）检查各种健身器械是否完好，锁扣和传动装置是否安全可靠。

（3）精神饱满地做好迎客准备。

（二）健身服务

健身服务的具体内容如下：

（1）主动上前征询客人的要求，并介绍各种健身项目，主动讲清使用要领并做示范。

（2）细心观察场内情况，及时提醒客人应注意的事项。当客人变换运动姿势或加大运动量时，工作人员应先检查锁扣是否已插牢，必要时须为客人换挡。

（3）对不熟悉器械的客人，工作人员要热诚服务、耐心指导，必要时要以身示范。

（4）客人运动时可播放符合其运动节奏的音乐，运动间隙，工作人员要主动为客人递上毛巾和水。

（5）主动征求客人对健身中心的意见和建议，并及时汇报。

（6）若是收费的健身项目，客人健身结束时应主动将账单送给客人确认签字。

（7）客人离开时要主动提醒客人不要忘记携带随身物品。

（8）送别客人。

送别客人具体内容如下：

（1）送客人至门口并礼貌地向客人道别。

（2）及时清扫场地并整理物品。

三、健身中心工作人员的工作职责

（1）掌握健身房的基本操作知识和服务技能，负责健身房的接待服务工作，并注意各种单据的保存。

（2）负责维护健身设备的正常运行，如发现问题，应及时上报。每天按规定准备好营业用品，及时向领班申领需要补充的用品。

（3）负责健身房及更衣室、淋浴室的清洁卫生工作。搞好环境卫生和设备卫生，保持环境的整洁和空气的清新，以达到质量标准。

（4）应熟悉业务，认真准确地按客人要求安排健身或健美课程，并指导客人完成课程内容。

（5）遵守邮轮和娱乐部的各项规章制度，按照规定规范自己的行为。

四、健身中心工作人员的素质要求

（1）具有专业精神和良好的礼仪举止。

（2）能够为客人示范各种设施、器械的使用方法。

（3）善于沟通交流，能主动与客人进行沟通交流，充分了解客人的需求，并根据客人的需求指导客人合理使用健身设施。

（4）能够维护和保养健身运动器械及设备设施；能够及时发现运动器械及设备设施在运转中的非正常情况，并采取相应的措施。

（5）心胸开阔，能倾听各种意见，遇事不乱发脾气，不粗暴待人，善于忍耐克制；具有较好的人际关系处理能力，能够妥善处理上下级之间的关系，善于处理与客人之间的关系。

（6）能够执行与职责相关的其他工作要求。

五、健身中心工作人员的工作用品

健身中心工作人员的工作用品主要有托盘、抹布、服务巾、记号笔、圆珠笔、登记表、酒水订单簿、拖把、浴巾、毛巾、急救箱、氧气袋、护腕、护膝、滑石粉、磅秤等。

健身中心工作人员的工作程序、标准及要求如表 3－2 所示。

表 3－2　健身中心工作人员的工作程序、标准及要求

程序	工作标准及要求
营业前准备工作	1. 打卡签到，整理好自己的仪容仪表 2. 按时参加班前会，接受领班检查和工作任务的分派 3. 清洁整理环境卫生，做到地面洁净无杂物，服务台上各类物品按类摆放整齐 4. 将营业时间、客人须知、价格表等以中英文对照书写，置于明显位置 5. 将钟表时间核对准确 6. 检查所有服务设备设施是否齐全、运转是否正常 7. 检查更衣柜是否留有杂物 8. 将各种表格、单据和文具准备齐全，放于规定的位置 9. 将营业时的客用毛巾、浴巾、短裤等准备齐全
迎接服务工作	1. 营业前 10 分钟按标准服务姿态站立于规定位置 2. 当客人到来时，主动热情地问候客人 3. 引领客人至服务台办理健身活动的登记手续 4. 征询客人的具体需求，开出单据，引领客人交款 5. 询问客人有无其他要求 6. 为客人指示更衣间的位置 7. 引领客人进入健身场地 8. 主动向客人介绍各种健身器具的性能及效用，由客人自主选择健身器具
健身服务工作	1. 客人选择好健身器具后，应主动为客人对健身器具进行调试，检查计量单位是否准确 2. 为客人准确、及时地提供健身指导工作，讲解明确，动作规范 3. 对初次来健身房的客人或常客使用新型的健身器具，应提供示范，同时向客人讲明注意事项 4. 在客人健身活动的过程中，应做好安全保护措施，以防意外事故的发生 5. 根据客人需要为客人健身提供辅助服务，如为比赛的客人记分、排名次 6. 在客人运动的间歇期间，及时向客人提供面巾和酒水饮料服务
交接班及营业后结束工作	1. 早班与晚班交接班时，填写交接班记录并签字 2. 交接班记录应将交接情况记录清楚，不能因交接不清而出现工作混乱情况 3. 交接班时应召开班前会，将工作任务布置清楚 4. 晚班服务员上岗后应对环境卫生做简单的整理及清洁 5. 晚班服务员应迅速进入工作角色，不能让客人产生服务断档的感觉 6. 营业结束前应将营业用品整理归位 7. 将客人使用过的布件类用品点清数量送交洗衣房 8. 核对当日营业单据并统一交健身房主管 9. 营业结束时，认真填写交接班记录 10. 清理健身中心现场，将各种运动器械清洁、整理归位 11. 关闭健身中心电源，锁门下班

第四章

邮轮休闲保健类活动的服务与管理

知识目标

1. 了解邮轮休闲保健类活动项目及其功能。
2. 认识基本健身器材及其使用要求。
3. 掌握各项目的服务流程。

能力目标

1. 能够分析常见休闲保健类活动的特点及功能。
2. 能够根据客人的特点推荐合适的休闲保健类项目。
3. 能够和客人进行有效沟通。

素养目标

1. 培养专业精神和良好的礼仪举止。
2. 培养团队合作精神和精益求精的服务理念。
3. 传承中国传统的中医和养生文化，增强文化自信和民族自信。

思政园地

2022年8月19日，世界职业技术教育发展大会主论坛在天津举行。教育部部长怀进鹏发表题为“携手推动全球职业教育高质量发展 助力建设后疫情时代美好世界”的主旨演讲。怀进鹏表示，职业教育是与经济社会联系最为紧密的一类教育。中国始终高度重视职业教育，在有效支撑国家经济社会高质量发展、不断满足人民群众对美好生活的追求、持续畅通学生多样化成长成才的渠道、积极服务构建全面开放新格局方面取得了历史性成就，建成世界上最大规模的职业教育体系，构建了职业教育与普通教育协调发展的教育格局，实现了从学校为主举办到多元参与办学、从规模扩张发展到高质量内涵发展的历史性转变。怀进鹏指出，随着新一轮科技革命和产业变革突飞猛进，以及新冠疫情的深度影响，世界正在经历产业结构、经济结构与社会环境、人口结构等的深刻调整，各国职业教育不同程度地面临着一些共同挑战和发展机遇。站在新的历史起点上，实现职业教育新的发展，需要准确识变、科学应变、主动求变，坚持创新、协调、绿色、开放、共享的新发展理念，推动教育界、产业界和经济社会发展各相关部门以及国际社会进一步加强国际交流，持续提高职业教育质量与发展能力。职业教育应当更好立足人的全面发展，坚持以人为本，提质增效；应当更好服务并融入经济社会发展，坚持以技能为先，深度融通；应当更好深化国际交流，以合作为要，互利共赢，包容发展。

学习内容

邮轮上的休闲保健类活动是游客在船上度过轻松愉快时光的一种方式。这些活动通常包括按摩、桑拿、美容美发、足疗等。邮轮上的休闲保健类活动旨在为游客提供放松身心、缓解压力的机会，让游客在愉快的氛围中体验身心的舒适和放松。

通过对邮轮上常设的休闲保健类活动的介绍，学生可了解每一种活动的基本内容，掌握其主要的特点、发展历史、产品特色等基础知识。在此基础上，学生应掌握各种活动的服务步骤和基本的服务规范，并灵活运用各种营销手段，引导游客参与适合其需求的项目。

第一节 邮轮休闲保健类活动认知

随着经济的发展和社会文化水平的提高，人们对休闲保健的需求也不断提高，越来越多的人希望能在闲暇之余参与一些有益身心的休闲保健活动，提高生活质量。现代邮轮作为一种集合各种旅游休闲要素的综合旅游形式，其功能不再是只为游客提供吃住和交通服务，大多数邮轮都以能够向游客提供包括大量康乐活动在内的综合性服务为新的追求目标。同时，设立和扩大邮轮的休闲保健部也能为邮轮开辟一个新的收入渠道，增加邮轮的经济效益。目前各大邮轮公司的邮轮上一般都有丰富多样的休闲保健类活动。

保健是指游客在一定的环境和设施中享受既有利于身体健康，又可以放松精神、陶冶情操的轻松愉快的休闲方式。保健项目主要包括洗浴桑拿、保健按摩、理疗、美容美发等类别，具体又可细分为足疗、搓背、药浴、淋浴、温泉浴、桑拿浴、人工按摩、设备按摩等。设施有桑拿浴室、日光浴室、按摩室、美发美容室等。

一、桑拿浴

桑拿浴，是指在封闭的小房间内用加热的湿空气对人体进行理疗的过程。桑拿浴的起源有两种说法：一种说法起源于芬兰，有 2 000 年以上的历史；另一种说法起源于古罗马，古罗马人出于强身健体的目的，用木炭和火山石加热健身。现代桑拿浴是在特制的小木板房中通过特殊设备将室温迅速升至 45℃以上，以使沐浴者身体受热达到充分排汗目的的特殊沐浴方式。这种沐浴方式利用对全身反复干蒸冲洗的冷热刺激，使血管反复扩张及收缩，能增强血管弹性、预防血管硬化，对关节炎、腰背肌肉疼痛、支气管炎、神经衰弱等有一定保健功效。

（一）桑拿浴的作用

桑拿浴是一种特殊的洗澡方法，兼有清洁皮肤和治疗疾病两种作用。它通过接连几次的冷热交替可缓解疼痛、松弛关节。对皮肤来说，由于洗浴过程中皮肤血管明显扩张，血液循环得到改善，使皮肤里各种组织获得更多的营养，对许多皮肤病如鱼鳞病、银屑痛、皮肤瘙痒症等都有不同程度的缓解作用。桑拿浴的整个过程会消耗人的很多体力，使人体因高温蒸汽大量出汗，有极好的减重功效。同时，其强烈的热刺激促进了全身皮肤的深呼吸，使人体血液循环加速，从而促进了新陈代谢，使体内无用、有害的物质随着皮肤的呼吸而被排出体外，起到清除体内垃圾、保健身心的作用，对运动后的体力恢复也十分有效。另外，桑拿浴对美肤、养肤和防治风湿病也有一定的效果。

（二）桑拿浴的洗浴方式

桑拿浴的洗浴方式有很多种，这里介绍三种适合在邮轮上开展的桑拿浴洗浴方式。

1. 干蒸

干蒸是狭义的桑拿浴，又称芬兰浴。芬兰的地理位置导致该地区气候严寒，人们常年不出汗，于是为了出汗就接受了干蒸这种使人大汗淋漓的方法，并在此基础上使干蒸的设备和洗浴的方式不断得以改进。

桑拿房（干蒸室）是一个面积不大的特制的木质结构房间，房间内有两层躺板，并配置一个通电加热的矿石炉，旁边配有冷水桶。游客洗浴时，将冷水洒在烧红的矿石上，使之产生蒸汽。整个沐浴过程中室内温度升高到45℃左右，使沐浴者犹如置身于骄阳之下或沙漠中，体内的水分被大量地蒸发，以达到排汗的目的。

2. 湿蒸

湿蒸即蒸汽浴，又称土耳其浴，源于希腊及土耳其，它利用热炉将水加温制成蒸汽，通过管道将蒸汽输入一个密封的房子里面，使室内温度升高至45℃。蒸汽浴室的内壁通常用高质量的玻璃钢制成，光滑而不易变形。主要设备包括电炉、蒸汽管道、电子温感器、控制器、玻璃门等。蒸汽浴也是通过较高的温度使人排汗，促进新陈代谢，起到一定的美容作用。另外，通过人在温湿空气中的呼吸运动，可治疗感冒及其他呼吸系统的疾病。在洗浴原理、方式、功效等方面，蒸汽浴与干蒸一样。它经常设立在干蒸桑拿房附近，为游客提供多种选择。传统的土耳其浴室通常由多个房间组成，包括热房、温房、冷房和休息室。热房通常是一个充满热气的房间，温度高达40℃以上。在热房中，游客可以躺在石头或大理石的床上，感受汗液和热气的刺激，让身体彻底放松。在热房之后，游客可以进入温房，温度通常在30～40℃。温房是一个逐渐降温的过渡房间，让身体逐渐适应温度变化，准备进入冷房。在冷房中，游客可以享受冰凉的水浴或冰雪浴，让身体彻底降温，增强身体的免疫力。最后，在休息室中，游客可以享受茶水和小吃。土耳其浴可以帮助游客减轻压力、放松身体、提高免疫力和促进血液循环。

3. 水疗

“水疗”（SPA）一词源于拉丁文“Solus Par Agua”，有“健康之水”的意思，所以称为“水疗”。水疗结合了山、海、温泉等自然景观和放松身心的护理疗程，内容包括脸部护理、芳香疗法、按摩、淋巴排毒等，集休闲、养生、美容、健身于一体。17—18世纪，水疗在欧洲开始流行，随后其养生美容、舒缓身心的理念开始风靡全世界。现代水疗大体分为美容温泉疗养（Beauty SPA）、健康与减肥温泉疗养（Health & Silm SPA）、医学温泉疗养（Medical SPA）、现代美容沙龙（City & Day SPA）及综合性 SPA。

水疗的按摩浴有多种方式，包括浸浴、淋浴、喷射浴、漩水浴和气泡浴等。按水的温度可分为高温水浴、温水浴、平温水浴和冷水浴，按所含药物可分为碳酸浴、松脂浴、盐水浴和淀粉浴等。水疗具有多种功效，主要包括放松肌肉、增加血液氧气含量、促进心脏功能、加速血液循环、美白皮肤、清洁毛孔、去除体臭和去除皮肤老化角质层等。水疗的原理是通过各种水疗设备的交替作用，并结合对穴位的按摩，达到保健的效果，给人带来活力和健康。

水疗的主要作用包括：

（1）全身性热疗，加上运动治疗可促进血液循环、新陈代谢，减轻疼痛。

（2）减少关节压力，增加肌力、耐力、肌肉柔软度和关节活动范围。

（3）增进协调力、平衡力、心肺耐力，获得良好的感觉刺激。

（4）减低不正常的肌肉张力，协助进行身体控制训练。

（5）舒缓身心压力。

二、按摩保健

（一）按摩的起源

按摩又称“推拿”，是以中医的脏腑、经络学说为理论基础，并结合西医的解剖和病理诊断，用手法作用于人体体表的特定部位以调节机体生理、病理状况，达到理疗目的的方法。从性质上来说，它是一种物理的治疗方法，不仅可以消除疲劳、疏通经络、滑利关节、促进气血运行、强身健体，而且对许多病症也有一定的疗效。因此在东方，按摩被当作一种医疗手段，在我国古代，按摩师在某种意义上也被视作医师。《黄帝内经・素问》中记载：“形数惊恐，经络不通，病生于不仁，治之以按摩醪药……”《汉书・艺文志》载有《黄帝岐伯按摩》十卷，唐太医署始设按摩博士、按摩师。《一切经音义》卷十八《十轮经・按摩》：“凡人自摩自捏，申缩手足，除劳去烦，名为导引。若使别人握搦身体，或摩或捏，即名按摩也。”自明清以来，按摩又被泛称为推拿。《厘正按摩要术》：“推拿者，即按摩之异名也。”

几乎所有的健身沐浴项目都与按摩联系在一起，因为进行一次彻底的健身沐浴能够将人体内的疲乏诱发出来、排泄出去，特别是桑拿等使人大量出汗的浴种。客人沐浴完毕后会感到特别乏力，需要一段时间的静卧休息或其他辅助手段才能彻底消除疲劳，达到休闲健身目的，而按摩就是最有效地去除疲劳的辅助手段之一。

（二）按摩的分类

按摩根据目的的不同分为医疗按摩和保健按摩，根据使用工具的不同分为手工按摩和器械按摩。不同国家和地区的按摩根据当地的传统和情况有很大的不同，它们的区别表现在按摩部位、按摩手法等多个方面。医疗按摩主要针对特殊部位的疾病，对症按摩。邮轮娱乐部仅提供保健按摩服务，并对工作人员进行专业培训。

1. 中式按摩

中式按摩突出中医的保健功能，是依据中医学中人体穴位的原理创造的一种按摩方式。中医学认为，人体从头到脚密布着许多穴位，这些穴位与人体内各脏器有着对应的关系，也联系着人的各路神经，对这些穴位进行刺激可以有效地促使相应部位的病症好转，并在止痛、消除疲劳方面有独特的功效。根据中医的理论，经脉通则气血通，气血通就会通体舒泰。中式按摩就是针对穴位，用手对身体、头部、手脚进行抚摸、按压、叩击，采用推拿、指压、揪拉、按捏、脚踩等手法刺激有效穴位，从而在总体上达到治病健身的目的。

2. 泰式按摩

泰式按摩是流行于泰国的一种按摩方式，是由我国的传统按摩手法演变而来，它以活动关节为主，手法简练而实用，是较佳的保健手法之一。泰式按摩非常注重背部、腰部的舒展，按摩师从脚趾开始一直作业到头顶才算结束一套动作，从足部向心脏方向进行按摩。泰式按摩讲究对人体的每个关节、经脉所过的每一个部位按压牵拉，在按摩的最后阶段，按摩师还会将客人仰面背起，握住客人举起的双手尽力前拉，使客人全身的关节都得到伸展。手法几乎涵盖了按、摸、拉、拽、揉、捏等所有动作。泰式按摩是跪式服务，左右手交替，动作柔和、速度适中、顺序进行。浴后经泰式按摩，人可以快速消除疲劳，恢复体能，还可增强关节韧带的弹性和活力，达到促进体液循环、保健防病以及健体美容的功效。

3. 港式按摩

港式按摩是在我国南部沿海地区洗浴中搓背、掏耳的基础上，吸取西方手法，并结合我国独有的踩跷疗法，创制出的一种独特的保健按摩手法。港式按摩是在中式按摩的基础上演化而成的，相对中式按摩而言更讲究舒适感，在手法上多了滚揉和踩背，少了点按穴脉。按摩师的手法简单实用，比其他按摩轻柔许多，多用于沐浴后的放松。

（三）按摩的方法

按摩的方法是指运用指、掌、腕、肘等部位，或借助器械来帮助人们解除疲劳的技艺、技巧。按摩的方法种类很多，主要有以下 4 种：

1. 拇指压法

拇指压法是用双手拇指的指腹用力作用于人体的手法，双手拇指重叠，以重叠的拇指在穴道上加压按摩，若针对一个特定点加压，也可只用单手拇指推行。一般而言，拇指压法适用于全身，与中医手法相似，但指压按摩注重指腹用力。

2. 三指压法

三指压法是指将食指、中指、无名指并拢，在穴道上加压按摩的方法，主要在肩腰酸痛时使用。

3. 掌压法

掌压法是指以单掌或双掌重叠的加压法，一般用来按压脊椎骨和四肢。

4. 踩背法

踩背法是按摩者用单足或双足用力踩踏被按摩者身体的一种方法。按摩者以双脚脚趾、脚掌、足跟，用点压、搓擦、滑行、抖颤、踢打等动作施力于被按摩者，并以双手的悬吊、牵拉吊杠为配合，使重心不断地移动，来调整足部下压的力度。踩背法力度强劲，技巧性强，要求技师技术熟练，轻巧如燕而又力度深厚，做到“重而不涩”。此法适用于肌肉发达、体格健壮、耐受力强的游客，年龄偏大体质虚弱、脊椎骨质有病变、有心脑疾病及高血压症者慎用。

（四）按摩的作用

1. 提高机体的免疫功能

按摩通过各种手法作用于人体，可以使血管扩张，增强血管的通透性以减小血液的阻力使血液循环畅通，减轻心脏的负担，使心脏搏动有力，血压平衡。此外，在人体相对安静时淋巴液的流动是缓慢的，但经过按摩后，淋巴液可以加速流动，从而达到提高机体抗病力、预防疾病的作用。

2. 加快机体的新陈代谢

按摩能加快新陈代谢，使身体感到轻松。

3. 增强肌肉的弹性

按摩手法作用于肌肉，促进了肌肉纤维的收缩和伸展活动，消除肌肉疲劳，增强肌肉组织的弹力和承受力，使人体肌肉丰满而有弹性，皮脂分泌畅通，皮肤柔润、有光泽。

4. 消除疲劳

现代人的生活节奏越来越快，长期伏案工作及缺乏锻炼，易引起身体虚弱、疲劳、代谢紊乱、精神不振等不良状况，尤其是长期从事脑力劳动的人，由于用脑过度，还可能会失眠、头晕乏力。按摩可以刺激人体的肌肉神经，维持体液的相对平衡，从而恢复人体生理功能的正常状态，达到消除疲劳、振奋精神的作用。

5. 促进形体健美

社会的进步、科技的发展使人们的生活水平持续提高，越来越多的人因摄入大量脂肪造成营养过剩、身材肥胖。现代社会文明程度越高，人们对健康及形体美的要求也越高，按摩可以减少脂肪堆积，从而达到健美的目的。

三、足浴服务

（一）足浴的起源

足浴亦称沐足，俗称“洗脚”，古人称为“濯足”。我国几千年前就有关于足部按摩的记载。据考证，足疗与针灸在我国为“同根生”的疗法。宋代文豪苏东坡对养生颇有研究，对坚持摩擦足底涌泉穴对身体的益处大加赞赏，称“其效不甚觉，但积累至百余日，功用不可量……若信而行之，必有大益”。说明中国人很早就了解足部按摩有益于健康。中医疗法（包括足部）在唐代即传入日本、朝鲜，元朝以后又传入欧洲。

（二）足浴的作用

1. 促进血液循环

血液在由心脏和血管组成的血液循环系统中流动，输送营养，排出废物。促进血液循环对机体的健康至关重要。在人体中，脚距心脏最远，如果脚部末梢循环产生障碍，很容易使血液循环不畅，进而导致新陈代谢不畅、全身组织器官功能下降。足浴可使足部的血液通畅，促进全身血液循环，加速机体新陈代谢、补充营养，使机体健康、正常运转。

2. 调节神经系统

神经系统在控制和调节机体活动方面发挥着极其重要的作用。神经系统重要而复杂的生理功能都是通过反射活动来完成的，完成这种活动的基础就是神经元。神经元通过反射活动，能够保证机体内部的统一，使各个器官的功能更好地适应外部环境的变化。足浴通过有效刺激足底反射区，可使相应器官的功能得到调节。

3. 疏经活血

传统中医学认为经络具有联系脏腑和肢体的作用。人体的五脏六腑、四股百骸、五官九窍、筋骨皮肉主要是依靠经络系统的联络沟通。疏通经络具有运行气血、滋养周身、抗御外邪、保卫机体的作用。人体十二经脉中有六条经脉到达足部，即足三阴经（足太阴脾经、足厥阴肝经、足少阴肾经）、足三阳经（足阳明胃经、足少阳胆经、足太阳膀胱经）。足浴可以疏通经络，调节和恢复人体脏腑功能，进而达到康复效果。

4. 保健功效

人体健康与足密切关联。人有足，就好像树有根，树枯根先竭，人老足先衰。足对人体的养生保健作用，很早就引起古人的重视和研究。其中“足浴”更以其简便灵验的特点，盛行千年而不衰。古籍《琐碎录》中称：“足是人之底，一夜一次洗。”苏东坡、陆游等留有“主人劝我洗足眠，倒床不复闻钟鼓”，“洗脚上床真一快，稚孙渐长解烧汤”的诗句。中医学认为人体五脏六腑在脚上都有相应的投影，脚是足三阴经的起始点，又是足三阳经的终止点，踝关节以下就有六十多个穴位。按摩涌泉穴，具有滋阴补肾、颐养五脏六腑的作用；按摩脚心能强壮身体，防止早衰，利于健康长寿。老年人经常按摩脚心，可防止腿脚麻木、行动无力、脚心凉冷。足浴时，水的温度一般保持在40℃左右，水量以能没过脚踝部为好，双脚放在热水中浸泡5～10分钟，然后用手按摩脚心。经常用热水洗脚，能刺激足部穴位，增强血脉运行，调理脏腑，疏通经络，增强新陈代谢，从而达到强身健体的目的。

四、美容美发

美容美发是指为了美化面容和头发而进行的一系列服务。美容，即美化容貌，是指人们为了追求自身形体的美丽所进行的一种修整面部、身体、毛发的行为。美发就是指对头发的修剪、整理、定型和护理。头发对个人的外观、气质有非常重要的影响。干净、整洁、自然、有弹性的头发需要经常性护理。美容美发的目的是提高个人形象和自信心，让人看起来更加美丽、自信和健康。

面部护理包括清洁、去角质、按摩、敷面膜等项目，可以帮助清除面部皮肤的污垢和死皮细胞，促进血液循环，让面部皮肤更加光滑、柔软和有弹性。

头发护理包括洗发、护发、修剪、染发、烫发等项目，可以帮助保护头发的健康和美丽，让头发更加柔顺、有光泽和有型。

指甲护理包括修剪、打磨、涂指甲油等项目，可以让指甲更加美丽、有光泽和健康。现代人对美容美发的需求是十分稳定的，特别是皮肤护理。大部分的邮轮将美容美发设置在同一个区域里，因为大部分游客往往同时要求两个项目的服务。

美容是广义的名称。传统的美容只是清洗、修理头发和清洁面部。现代的美容内容则远远超过了传统的美容内涵，包括医疗美容和非医疗美容。非医疗美容，也就是平时大家所说的生活美容，即使用化妆品或护理保养方法对人的面部皮肤进行保养，预防皮肤老化，在个人原有肌肤的基础上加以修饰。现代人在美容院中更多的是得到专业的按摩，用专业仪器和护肤品对皮肤进行清洗和护理，以及对个人整体形象进行设计。主要的美容项目有面部普通护理、特殊护理保养、肩颈部护理、手部护理及美甲、化妆等。从古至今，人们对美的追求是无止境的，特别是随着人类文明的发展、物质文化水平的提高，人们对美有了更高的要求，对美容、美发服务的需求也日益增长。

第二节 邮轮休闲保健类活动的服务管理

一、桑拿服务与管理

桑拿保健类项目服务的突出特点，就是一旦出现较严重的服务事故，将给客人造成难以弥补的身心伤害，极大地损害客人的权益和邮轮公司的形象。因此，有关部门必须对保健器械、用具、用品的规格和采购、验收、保管、准备、试用、使用等各个环节严格把关，防微杜渐，避免事故隐患，为提供高水平的桑拿服务做好保障。此外，在具体的服务工作中还要做到以下几点：

（1）桑拿保健类项目的工作人员必须准确、清楚地回答客人提出的有关问题，满足客人求知的心理需求。

（2）必须严格执行器械、用具用品、浴室、更衣室、客用棉织品和按摩浴衣等的清洁整理规程和标准，满足客人安全消费的心理需求。

（3）提供热情、礼貌、主动的优质服务。

桑拿保健类项目的服务环节比较多，客人也需要用到不同的保健设施、设备，再加上此类项目服务专业技术性强，客人肯定会经常感到无所适从，这时热情的服务态度、礼貌的服务语言和主动的引导介绍将使客人感到轻松、安全和放心。

二、保健按摩服务与管理

（一）保健按摩服务基本要求

1. 按摩强度

保健按摩的强度相对于医疗按摩的强度要小，需根据不同个体、不同部位、不同目的灵活把握刺激的强度。第一，应循序渐进，手法操作由轻到重，再由重到轻，即治疗的整个过程开始时手法要轻，刺激强度要小；中间操作过程刺激强度较大，然后渐减小，直至结束治疗。第二，要根据不同的部位来决定手法。如做面部美容时，应尽量沿着面部肌理的方向施术，起到增强肌肤弹性、消除皱纹的作用；腹部按摩应结合肠胃蠕动，特别是结肠的蠕动方向，来确定手法的补泻（顺时针，沿着结肠蠕动方向的手法为泻；逆时针，与结肠的蠕动方向相反的手法为补）；了解血管、神经的分布，增强手法对神经体液调节的影响。第三，点穴时，要有“得气感”。得气感是指被按摩者产生酸麻、沉胀感等，但手法的刺激量不应使被按摩者感到疼痛为宜。

2. 按摩频率

保健按摩的手法特点是轻快自然、柔和协调，所以按摩的频率较医疗按摩要快。

3. 按摩时间

按摩的次数及时间也应具体情况具体分析，如面部美容按摩一般每次约 45 分钟，全身保健按摩每次约 60 分钟，局部按摩每次 15 ～ 20 分钟，反射区按摩每次 20 ～ 30 分钟。

4. 手法技巧

按摩手法技巧是影响按摩效果的关键，保健按摩工作人员要注意自己的技能技巧的提高。

（二）保健按摩注意事项

保健按摩注意事项包括以下几个方面：

（1）要有适宜的环境，按摩室要保持清洁明亮、空气流畅、温度适宜、安静。

（2）按摩师应剪平指甲，卸下手部饰物，同时手应保持清洁，最好在操作前进行手部消毒。

（3）饭前半小时及饭后一小时内不宜做按摩。

（4）剧烈运动或重体力劳动后不宜做按摩。

（5）孕妇不宜进行按摩。

（6）客人接受按摩时要宽衣松带、身体放松。

（7）按摩过程中，按摩师应密切观察被按摩者的反应，询问有无不适感及刺激量大小，以便及时调整。如果按摩过程中被按摩者出现头晕、心慌、恶心、面色苍白，甚至冒冷汗、四肢发凉，应立即停止操作，缓解不适症状，必要时及时送医。

（8）有些皮肤敏感者在接受按摩后局部会出现轻微充血、水肿，甚至热痛，这属于正常现象，要向被按摩者讲清楚，解除其忧虑。

（三）保健按摩工作人员素质要求

保健按摩工作人员素质要求包括以下几个方面：

（1）要有高尚的职业道德，态度要亲切和蔼，操作要认真负责。

（2）必须遵守各项规章制度，熟练掌握按摩师的工作内容、工作程序。

（3）具有医疗保健和按摩服务专业技术知识，熟悉人体穴位和全身与局部按摩操作技巧，能正确掌握和运用按摩的整套程序及各种指法，并能为不同国家、地区的客人提供客人愿意接受的按摩方法。

（4）持证上岗，邮轮娱乐部的按摩师一般需经过专业机构培训，并具有其他按摩机构一年以上实践经验，能够提供全身和局部五种以上按摩服务项目。

（5）穿按摩师专用工作服上岗，工号牌醒目，对每一位客人笑脸相迎，热情、礼貌、大方、谈吐优雅。

（6）提供保健按摩服务时，操作规范，能够根据客人的体质和感受调整按摩时的位置、手法和力度，做到轻重适宜，并尽量满足客人的合理要求。

（7）听从主管的调动指挥，随叫随到，不挑选客人。

三、美容护肤服务与管理

（一）美容服务工作人员的基本要求

（1）注意清洁卫生和保持整齐的仪容。美容服务工作人员要求五官端正、形象大方、气质良好。邮轮美容服务工作人员还应经过服务礼仪方面的培训。

（2）熟悉各种服务项目，能够向客人讲解。美容服务工作人员应具备一定的职业技能，熟悉本部门的各个收费项目，并且能够向客人解释清楚。同时，服务工作人员应提供最基本的美容咨询、概况介绍、物品保管等服务。

（3）注意同客人的良好沟通。美容服务的项目多，客人的习惯和要求又各不相同，服务人员应服务周到，多与客人沟通并使客人满意。如理发服务，发型师要先征求客人意见，客人也可主动提出自己想要的发型，并适当告诉发型师自己的职业、兴趣、生活方式等。发型师会判断客人想要的发型与其个人职业、发质各方面是否适合，若不适合，什么样的发型较好，以及美发后的效果如何。发型师应跟客人沟通清楚后再进行操作。操作时同样要注意沟通，主要是两个方面：一是在操作过程中注意客人的动态，如洗头时是轻一点还是重一点，要依据客人的动态而定；二是遇到特殊发型要慢削、慢剪，随时征求客人的意见，按照客人的要求操作。

（4）明确美容中心不能有治疗行为。邮轮美容中心不能有治疗行为，若客人有皮肤方面的疾病或问题，应建议其到专门的医疗机构皮肤科就诊。

（二）美容服务流程

1. 准备阶段

（1）按规定的时间和要求完成环境卫生整理工作，做好美容器具的消毒工作。

（2）准备好美容用品、化妆品、毛巾、头巾等，打开电器的电源开关。

（3）阅读“预约服务登记表”，做好对有关客人的服务准备工作。

2. 预订服务

（1）接受客人预订时要主动、热情。

（2）对于电话预订，必须在电话铃响三声内接听。

（3）预订信息记录准确，记录客人姓名、电话、美容项目、服务时间等，并复述清楚，取得确认。

（4）邮轮上的客人一般都是初次光临，可主动向客人介绍美容种类、特点，帮助客人选择美容项目。

（5）及时通知有关人员做好准备。

3. 迎宾服务

责任心、耐心和爱心是做好美容服务工作的首要标准。客人到来时，服务人员要热情接待，主动问候，表示欢迎。若同时来客较多，要按先后次序安排客人。要及时询问客人的服务要求，如美容或理发等，解答客人提出的问题。对初次到达的客人，应引导其参观设备，介绍服务项目和特定美容师。专业的理论知识和良好的服务意识是美容服务产品推销成功的关键。如果客人需要美容服务，应协助其填写顾客登记表。

4. 美容服务

（1）客人躺在美容床上后，应为其盖好毛巾被和罩布，须一边操作一边介绍为其使用的美容用品和操作手法的名称、功效和特点，并询问客人的感受，回答客人提出的问题。

（2）使用脱脂棉团、卸妆水和洗面奶，除去客人眼部、面部、颈部的彩妆。

（3）使用脱脂棉团蘸收缩水为客人搽涂一遍面部和颈部。

（4）将磨砂膏均匀地涂在客人的面部和颈部，几分钟后按规定的手法为客人做按摩。

（5）使用真空吸面机或专用洗面奶为客人去除面部污垢。

（6）使用喷雾机向客人面部喷雾。

（7）为客人再搽抹一次收缩水。

（8）为客人搽抹按摩膏，几分钟后为客人做按摩，按摩结束后清洁客人面部和颈部。

（9）使用面膜膏为客人搽抹面部和颈部。

（10）15 分钟以后用清水洗净客人面部和颈部，根据客人皮肤的特点为其搽抹护肤霜。

5. 结账服务

（1）事先准备好账单。

（2）当客人示意结账时，服务员要引领客人结账，或者将账单递送给客人确认签字，并记入船卡。

（3）接受客人交回的更衣室钥匙，对客人的到来表示感谢。

6. 送别服务

（1）帮助客人穿好外套，并提醒其携带好随身物品。

（2）送客人至美容厅门口，礼貌地向客人道别并欢迎下次光临。

（3）及时清扫场地并整理物品，迅速检查客人是否有遗留物品；若有，及时赶上并归还客人。

（4）将该客人的服务要点登记在顾客档案，为个性化服务做必要的准备工作。

（5）将使用过的毛巾送洗衣房，更换新毛巾，并将新毛巾放入消毒箱消毒，做好准备。

第五章

邮轮参与体验型休闲娱乐活动的服务与管理

知识目标

1. 掌握基本的茶叶、茶具知识和茶事服务流程。
2. 掌握艺术品鉴赏和拍卖活动流程。
3. 掌握邮轮摄影技巧。
4. 了解插花造型的分类和花器的使用。
5. 掌握花材的品种与寓意。
6. 掌握主题娱乐活动的概念和特点。
7. 掌握邮轮主题娱乐活动的类型及特点。

能力目标

1. 能正确进行茶事服务。
2. 能够组织邮轮艺术品拍卖操作。
3. 能够进行简单的插花造型设计。
4. 能够有效组织和策划主题娱乐活动。
5. 能够和游客进行有效沟通。

素养目标

1. 培养专业服务精神和良好的礼仪举止。
2. 传承中国传统茶文化和插花文化，增强文化自信和民族自信。
3. 培养崇尚劳动、尊重劳动、热爱劳动的精神。

思政园地

党的十八大以来，围绕传承和弘扬中华优秀传统文化，习近平总书记发表一系列重要论述。他指出：“中华文明源远流长，孕育了中华民族的宝贵精神品格，培育了中国人民的崇高价值追求。”党的十九大报告强调，要“深入挖掘中华优秀传统文化蕴含的思想观念、人文精神、道德规范，结合时代要求继承创新，让中华文化展现出永久魅力和时代风采”。

党的二十大报告也指出：“中华优秀传统文化源远流长、博大精深，是中华文明的智慧结晶。”中共中央办公厅、国务院办公厅印发的《关于实施中华优秀传统文化传承发展工程的意见》(以下简称《意见》)，明确了“贯穿国民教育始终”的重点任务。实施中华优秀传统文化传承发展工程，是建设社会主义文化强国的重大战略任务。《意见》充分体现了传承中华文脉、厚植文化历史根基的特点，彰显了鲜明的时代特征和发展眼光，具有突出的人民导向和广泛的社会共识度。

《意见》提出，中华优秀传统文化传承发展工程要传承发展的是中华优秀传统文化的核心思想理念、中华传统美德、中华人文精神等主要内容。这些主要内容体现着中华民族世世代代在生产生活中形成和传承的世界观、人生观、价值观、审美观，其中最核心的内容已经成为中华民族最基本的文化基因。

学习内容

游客的参与和体验对于邮轮娱乐部门的运营至关重要。邮轮旅游的主要目的是为游客提供一个全新的、独特的和愉快的旅游体验，如果游客不能充分参与和获得愉悦的体验，邮轮旅游就无法达到预期的效果。常见的邮轮参与体验型休闲娱乐活动有：品茶、点茶等茶事活动，艺术品鉴赏和拍卖活动，邮轮摄影活动，插花活动，等等。

第一节　邮轮茶事服务与管理

邮轮娱乐部门的工作人员需了解茶的文化历史，熟悉各类茶叶的分类及储藏要求，掌握茶事服务的礼仪，能够组织开展茶事服务，并进行各类茶事服务管理。

一、茶的基本知识

（一）茶的功效

茶的最早发现与利用，是从药用开始的。“神农尝百草，日遇七十二毒，得茶而解之。”神农氏是中国古代传说中的农耕神，也是中医学的创始人之一。据传说，神农氏曾经尝试过各种草药，以寻找治疗疾病的良方。在这个过程中，神农氏遇到了七十二种有毒的植物，他的身体遭受了很大的伤害，甚至濒临死亡。在他沮丧的时候，偶然遇到一种名为荼（茶）的植物，他尝试着用茶叶来解毒。神农氏发现，茶叶可以解毒药的毒性，同时茶叶中的成分也有助于恢复身体。这个故事流传至今，成为茶文化的一部分。

现代科学大量研究证实，茶叶含有与人体健康密切相关的生化成分，具有提神清心、清热解暑、消食化痰、去腻减肥、清心除烦、解毒醒酒、生津止渴、降火明目、止痢除湿等作用。

1. 有助于延缓衰老

茶多酚具有很强的抗氧化性和生理活性，是人体自由基的清除剂。据有关研究证明，1 毫克茶多酚清除对人肌体有害的过量自由基的效能相当于 9 微克超氧化物歧化酶（SOD），大大高于其他同类物质。茶多酚有阻断脂质过氧化反应，清除活性酶的作用。日本奥田拓勇的试验结果证实，茶多酚的抗衰老效果要比维生素 E 强 18 倍。

2. 有助于改善心血管疾病

人体如果胆固醇、甘油三酯等含量高，血管内壁脂肪沉积，血管平滑肌细胞增生后会形成动脉粥样化斑块等心血管疾病。茶叶中含有茶多酚和大量的维生素、微量元素，可以降低血脂、胆固醇，起到保健的作用。

3. 有助于抑制和抵抗病毒

茶多酚有较强的收敛作用，对病原菌、病毒有明显的抑制和杀灭作用，对消炎止泻有明显效果。有不少医疗单位应用茶叶制剂治疗急性和慢性痢疾、阿米巴痢疾等。

4. 有助于美容护肤

茶多酚是水溶性物质，用它洗脸能清除面部的油腻，收敛毛孔，具有消毒、灭菌、抗皮肤老化、减少日光中的紫外线辐射对皮肤的损伤等功效。

5. 有助于提神醒脑

茶叶中的咖啡因能促使人体中枢神经兴奋，增强大脑皮层的兴奋过程，起到提神益思、清心的效果。

6. 有助于利尿解乏

茶叶中的咖啡因可刺激肾脏，促使尿液迅速排出体外，提高肾脏的滤出率，减少有害物质在肾脏中的滞留时间。咖啡因还可排除尿液中的过量乳酸，有助于人体尽快消除疲劳。

7. 有助于消化、降脂

唐代《本草拾遗》中对茶的功效有“久食令人瘦”的记载。茶叶有助消化和降低脂肪的重要功效，也就是有助于“减肥”。这是由于茶叶中的咖啡因能提高胃液的分泌量，帮助消化，增强分解脂肪的能力。

8. 有助于护齿明目

茶叶中含氟量较高，每 100 克干茶中含氟量为 10 ～ 15 毫克，且 80% 为水溶性成分。若每人每天饮茶叶 10 克，则可吸收水溶性氟 1 ～ 1.5 毫克，而且茶水是碱性饮品，可抑制人体钙质的减少，这对预防龋齿、护齿、坚齿，都是有益的。据有关资料显示，在小学生中进行“饮后茶疗漱口”试验，龋齿率可降低 80%。另据有关医疗单位调查，在白内障患者中有饮茶习惯的占 28.6% ；无饮茶习惯的则占 71.4%。这是因为茶叶中的维生素 C 等成分能降低眼睛晶体混浊度，经常饮茶，对减少眼疾、护眼明目均有积极的作用。

（二）茶的历史渊源

“茶”字最早见于《尔雅 · 释木》：“槚，苦荼也。”茶的古称有荼、诧、茗等。由于中国各地方言对“茶”的发音不尽相同，中国向世界各国传播茶文化时的叫法也不同，大抵有两种：一种发音为“chɑ”或类似的发音，如阿拉伯、土耳其、印度、俄罗斯等国；另一种发音为“te”，后演变为 tea，如西欧国家。

茶树起源远远早于有文字记载的 3 000 多年前。只是在 1824 年之后，印度发现了野生茶树，国外学者中有人对中国是茶树原产地提出异议，在国际学术界引发了争论。这些持异议者，均以印度野生茶树为依据，认为中国没有野生茶树。其实中国在公元 200 年左右，《尔雅》中就提到有野生茶树，且现今的资料表明，全国有 10 个省区 198 处发现野生茶树，其中云南的一株，树龄已达 1 700 年左右。

我国已发现的野生茶树，时间之早，树体之大，数量之多，分布之广，性状之异，堪称世界之最。近几十年来，学者们将茶学与植物学研究相结合，从树种及地质变迁、气候变化等不同角度出发，对茶树原产地做了更加细致深入的分析和论证，进一步证明我国西南地区是茶树原产地。

知识链接

1. 三国以前的茶文化

很多书中记载茶的发现时间为公元前2737—前2697年。华佗在《食经》中说："苦茶久食，益意思"，提到了茶的医学价值。西汉已将茶的产地命名为"茶陵"，即湖南的茶陵。

2. 晋代茶文化

两晋南北朝时期，门阀制度业已形成，不仅帝王、贵族聚敛成风，一般官吏乃至士人皆以夸豪斗富为荣。在此情形下，一些有识之士提出"养廉"的问题。于是，出现了陆纳、桓温以茶代酒之举。南齐世祖武皇帝是个不喜欢奢侈的帝王，他不喜游宴，遗诏中说他死后丧礼要尽量节俭，不要以三牲为祭品，只放些干饭、果饼和茶饭便可以，并要"天下贵贱，咸同此制"。在陆纳、桓温、齐武帝那里，饮茶不仅为了提神解渴，它还开始产生社会功能，成为以茶待客、用以祭祀并表示一种精神、情操的手段。茶已不完全是以其自然价值为人所用，而是进入了精神领域。

东晋、南朝时，江南的富庶使士人得到暂时的满足，清谈之风继续发展，以致出现许多清谈家。许多玄学家、清谈家从好酒转向好茶，茶可长饮而令人始终思路清晰，心态平和。在他们那里，饮茶已经被当作精神现象来对待。

随着佛教传入、道教兴起，饮茶已与佛、道教联系起来。在道家看来，茶是帮助炼“内丹”，升清降浊，轻身换骨，修成长生不老之体的好办法；在佛家看来，茶又是禅定入静的必备之物。尽管此时尚未形成完整的宗教饮茶仪式和阐明茶的思想原理，但茶已经脱离作为饮食的物态形式，具有显著的社会、文化功能，中国茶文化初见端倪。

3. 隋唐茶文化

隋朝，全民普遍饮茶，初步形成中国茶文化。唐朝，陆羽著《茶经》，概括了茶的自然和人文科学双重内容，探讨了饮茶艺术，把儒、道、佛三教融入饮茶中，首创中国茶道精神。以后又出现大量茶书、茶诗，有《茶述》《煎茶水记》《采茶录》《十六汤品》等。唐代茶文化的形成与禅教的兴起有关，因茶有提神益思、生津止渴的功能，故寺庙崇尚饮茶，并在寺院周围种植茶树，制定茶礼、设茶堂、选茶头，专呈茶事活动。在唐代形成的中国茶道分为宫廷茶道、寺院茶礼、文人茶道。

4. 宋代茶文化

宋代茶业已有很大发展，推动了茶叶文化的发展，在文人中出现了专业品茶社团，有官员组成的“汤社”、佛教徒组成的“千人社”等。宋太祖赵匡胤嗜茶，在宫廷中设立茶事机关，宫廷用茶已分等级。茶仪已成礼制，赐茶已成皇帝笼络大臣、眷怀亲族的重要手段。在民间，茶文化更是发展得生机勃勃，有人迁徙，邻里要“献茶”；有客来，要敬“元宝茶”；订婚时要“下茶”，结婚时要“定茶”。

宋人拓展了茶文化的社会层面和文化形式，茶事十分兴旺，但茶艺走向繁复、琐碎、奢侈，失去了唐代茶文化深刻的思想内涵，过于精细的茶艺淹没了茶文化的精神，失去了高洁深邃的本质。在朝廷、贵族、文人那里，喝茶成了“喝礼儿”“喝气派”“玩茶”。

5. 元明清茶文化

元代，茶艺向简约、返璞归真方向发展。明代中叶以前，茶文化仍承元代之势，表现为茶艺简约化，茶文化与自然契合，以茶表现自己的气节。此时出现蒸青、炒青、烘青等各茶类，茶的饮用方法已改成“撮泡法”，茶具的款式、质地、花纹千姿百态。明代不少文人雅士留有与茶相关的传世之作，如唐伯虎的《烹茶画卷》《品茶图》，文徵明的《惠山茶会记》《陆羽烹茶图》《品茶图》等。清朝，茶叶出口已成一种正式行业，茶书、茶事、茶诗不计其数。

6. 现代茶文化

新中国成立后，茶叶从1949的年产7 500吨发展到1998年的60余万吨。物质财富的大量增加为中国茶文化的发展提供了坚实的基础，1982年在杭州成立了第一个以弘扬茶文化为宗旨的社会团体——“茶人之家”，1983年“陆羽茶文化研究会”在湖北成立，1990年“中国茶人联谊会”在北京成立，1993年“中国国际茶文化研究会”在湖州成立，1991年中国茶叶博物馆在杭州西湖边正式开放，1998年中国国际和平茶文化交流馆建成。随着茶文化的兴起，各地茶艺馆越办越多。各省市及主产茶县纷纷主办“茶叶节”，如福建武夷市的岩茶节，云南的普洱茶节，浙江新昌、湖北英山、河南信阳的茶叶节，以茶为载体，促进了经济发展。

（三）茶的品类

依据《茶叶分类》（GB/T30766—2014）中以加工工艺和产品特性为主，结合鲜叶原料、茶树品种、生产地域进行分类的原则，我国的茶叶产品可分为绿茶、红茶、黑茶、乌龙茶、黄茶、白茶和再加工茶。

1. 绿茶

绿茶是不经过发酵的茶，即将鲜叶经过摊晾后直接下到热锅里炒制，以保持其绿色的特点。绿茶具有香高、味醇、形美等特点。其制作工艺一般经过杀青—揉捻—干燥的过程，也有些绿茶是不经过揉捻的，外形呈扁片状，如西湖龙井等。由于加工时杀青和干燥的方法不同，绿茶又可分为炒青绿茶（龙井、甘露）、烘青绿茶（黄山毛峰、集贤沐芽）、蒸青绿茶（恩施玉露）和晒青绿茶（滇绿）。中国绿茶花色品种之多居世界之首，每年出口数万吨，占世界茶叶市场绿茶贸易量的70%左右。中国传统绿茶深受国内外消费者的欢迎，主要有西湖龙井、惠明茶、洞庭碧螺春等。

2. 红茶

红茶与绿茶恰恰相反，是一种全发酵茶（发酵程度大于 80%）。红茶的名字得自其汤色红。中国红茶品种主要有：祁红，产于安徽祁门、至德及江西浮梁等地；滇红，产于云南临沧、佛海、顺宁等地；霍红，产于安徽六安、霍山等地；宜红，产于江苏宜兴；越红，产于湖南安化、新化、桃源等地；川红，产于四川宜宾、高县等地；英红，产于广东英德等地。其中尤以祁门红茶最为著名。红茶与绿茶的区别，在于加工方法不同。红茶加工时不经杀青，而是萎凋，使鲜叶失去一部分水分，再揉捻（揉搓成条或切成颗粒），然后发酵，使所含的茶多酚氧化，变成红色的化合物。这种化合物一部分溶于水，一部分不溶于水而积累在叶片中，从而形成红叶、红汤。

3. 黑茶

黑茶，加工时堆积发酵时间较长，使叶色呈暗褐色，有湖南黑茶，湖北老青茶，广西六堡茶，四川西路边茶、藏茶，云南紧茶、饼茶、方茶和圆茶，陕西茯茶等品种。云南普洱茶和湖南安化黑茶是中国传统的经典黑茶。普洱茶又分两种：一种是传统普洱茶，也就是生茶，是云南特有的大叶种晒青毛茶经蒸压自然干燥一定时间贮放形成的特色茶；另一种是现代普洱茶，也就是熟茶，是经过潮水微生物固态发酵形成的。安化黑茶也分两种：一种是黑砖茶，形似砖块，经发酵后由砖模压制而成；另一种是千两茶，形似树桩，经发酵、蒸制后由多层竹篾捆压而成，每件按 16 两古市称计重 1 000 两，所以被称为千两茶。黑茶具有降脂、减肥和降血压的功效，在东南亚和日本很受欢迎。

4. 乌龙茶

乌龙茶也就是青茶，是一类介于红茶、绿茶之间的半发酵茶。即制作时适当发酵，使叶片稍有变红。它既有绿茶的鲜爽，又有红茶的浓醇。因其叶片中间为绿色，叶缘呈红色，故有“绿叶红镶边”之称。乌龙茶的制作工艺复杂、费时，其中做青工序是保证乌龙茶品质的关键步骤。乌龙茶泡法也很讲究，所以喝乌龙茶也被称为喝工夫茶。乌龙茶主要产于福建、广东、台湾等地。一般以产地的茶树命名，如铁观音、大红袍、乌龙、水仙、单枞等。它有红茶的醇厚，而又比一般红茶涩味浓烈；有绿茶的清爽，而无一般绿茶的涩味，其香气浓烈持久，饮后留香，并具提神、消食、止痢、解暑、醒酒、减肥等功效。清初，乌龙茶就远销欧美及南洋诸国。

5. 黄茶

黄茶在制茶过程中，经过闷堆渥黄，因而形成黄叶、黄汤，分为“黄芽茶”（包括湖南洞庭湖君山银芽，四川雅安、名山的蒙顶黄芽，安徽霍山的霍内芽）、“黄小茶”（包括湖南宁乡的沩山毛尖、浙江平阳的平阳黄汤、湖北远安的鹿苑）、“黄大茶”（包括广东大叶青、安徽的霍山黄大茶）三类。黄茶的制法有点像绿茶，不过中间需要闷堆工序。这个闷堆过程，是黄茶制法的主要特点，也是它同绿茶的基本区别。绿茶是不发酵的，而黄茶是属于发酵茶类。

6. 白茶

白茶不经发酵，主要是通过萎凋、干燥制成的，加工时不炒不揉，只将细嫩、叶背满茸毛的茶叶晒干或用文火烘干，而使白色茸毛完整地保留下来。白茶主要产于福建的福鼎、政和、松溪和建阳等地，品种有“银针”“白牡丹”“贡眉”“寿眉”等。

白茶中以银针白毫最为名贵，其特点是遍披白色茸毛，并带银色花泽，汤色略黄而滋味甜醇。

7. 加工茶

以各种毛茶或精制茶再加工而成的称为再加工茶，包括花茶、紧压茶、萃取茶、香味果味茶、药用保健茶及含茶饮料等，如绞股蓝茶、杜仲茶、松针米茶、罗布麻茶、人参茶、菊花茶、桑芽茶、金银花茶、桂花茶、薄玉茶、刺五加茶、柿叶茶、青豆茶、玄米茶、锅巴茶、老鹰茶、老姜茶、红枣茶、竹叶茶、玉米须茶、车前草茶、丹参茶、胖大海茶、番泻叶茶、钩藤茶等。

知识链接

中国各类名茶

庐山云雾茶是中国十大名茶之一，属于绿茶。最早是一种野生茶，后经东林寺名僧慧远改造为家生茶。始于汉朝，宋代列为“贡茶”。

六安瓜片又称片茶，为绿茶特种茶类，是国家级历史名茶，中国十大经典绿茶之一。采自当地特有品种，经扳片、剔去嫩芽及茶梗，通过独特的传统加工工艺制成的形似瓜子的片形茶叶。

黄山毛峰茶起源于清代光绪年间，其采制相当精细，采摘期为清明到立夏，采回来的芽头和鲜叶要进行选剔，剔去其中较老的叶、茎，使芽匀齐一致。在制作方面，要根据芽叶质量，控制杀青温度，不致产生红梗、红叶和杀青不匀不透的现象；火温要先高后低，逐渐下降，叶片着温均匀，变化一致。

安溪铁观音是我国著名乌龙茶之一，产于福建省泉州市安溪县。安溪县境内多山，气候温暖，雨量充足，茶树生长茂盛，茶树品种繁多。安溪铁观音茶，一年可采四期茶，分春茶、夏茶、暑茶、秋茶。制茶品质以春茶为最佳。

洞庭碧螺春产于江苏省苏州市吴中区太湖洞庭山。洞庭山位于太湖之滨，东山是犹如巨舟伸进太湖的半岛，西山是相隔几千米、屹立湖中的岛屿，西山气候温和，冬暖夏凉，空气清新，云雾弥漫，是茶树生长得天独厚的环境。

都匀毛尖，产于贵州都匀市，中国十大名茶之一。都匀毛尖有“三绿透黄色”的特征：干茶色泽绿中带黄，汤色绿中透黄，叶底绿中显黄。

武夷岩茶为乌龙茶类，产于福建“奇秀甲东南”的武夷山。武夷岩茶具有绿茶之清香，红茶之甘醇，是中国乌龙茶中之极品，中国十大名茶之一，以大红袍享誉世界。

南京雨花茶属绿茶类，主要产于南京的雨花台、中山陵一带的风景园林名胜处，以及江宁、六合、溧水、高淳一带，是中国经典名茶，中国十大名茶之一。雨花茶以碧绿的茶色、清雅的香气、甘醇的滋味闻名。其外形似松针，细紧圆直。雨花茶冲上开水，茶入水即沉，冲泡后茶色碧绿、清澈，香气清幽，品饮一杯，沁人肺腑，齿颊留芳，滋味醇厚，回味甘甜，色、香、味俱全，是上等佳品。

祁门红茶，简称祁红，产于中国安徽省西南部黄山支脉区的祁门县一带，红茶精品。当地的茶树品种高产质优，植于肥沃的红黄土壤中，而且气候温和、雨水充足、日照适度，所以生叶柔嫩且内含水溶性物质丰富，又以 8 月所采收的品质最佳。

太平猴魁，属于绿茶类尖茶，产于安徽太平县（现改为黄山市黄山区）一带，为尖茶之极品，久享盛名。其外形两叶抱芽，扁平挺直，自然舒展，白毫隐伏，有“猴魁两头尖，不散不翘不卷边”的美名。

茉莉花茶又叫茉莉香片，属于花茶，已有 1 000 多年历史。茉莉花茶产于福建省福州市及闽东北地区，其茶香与茉莉花香交互融合，有“窨得茉莉无上味，列作人间第一香”的美誉。

（四）茶叶的选购

茶叶品质的好坏，可以通过色、香、味、形四个方面来评价。通常采用看、闻、摸、品进行鉴别，即看外形、色泽，闻香气，摸身骨，开汤品评。

（1）外形。从茶叶的外形可以判断茶叶的品质，因为茶叶的品质与茶采摘的鲜叶直接相关，也与制茶相关，这些都反映在茶叶的外形上。如好的龙井茶，外形光滑、扁平；好的珠茶，颗粒圆紧、均匀；好的红茶条索紧齐，红碎茶颗粒齐整、划一；好的毛峰茶芽毫多、芽锋露等。如果条索松散，颗粒松泡，叶表粗糙，身骨轻飘，就算不上是好茶了。

（2）色泽。不同茶类有不同的色泽特点。绿茶中的炒青应呈黄绿色，烘青应呈深绿色，蒸青应呈翠绿色，龙井则应在鲜绿色中略带米黄色。如果绿茶色泽灰暗、深褐，质量必定不佳。绿茶应呈浅绿或黄绿，清澈明亮；若为暗黄或混浊不清，也定不是好茶。红茶应乌黑油润，汤色红艳明亮，有些上等红茶，其茶汤可在茶杯四周形成一圈黄色的油环，俗称“金圈”；若汤色暗淡，混浊不清，必是下等红茶。乌龙茶则以色泽青褐光润为好。

（3）香气。各类茶叶本身都有香味，如绿茶具清香，上品绿茶还有兰花香、板栗香等；红茶具清香及甜香或花香；乌龙茶具熟桃香等。若香气低沉，定为劣质茶；有陈气的为陈茶；有霉气等异味的为变质茶。就是苦丁茶，嗅起来也具有自然的香气。

（4）口味。茶叶中形成苦、涩、甜、鲜、酸等口感的成分比例得当，滋味就鲜醇可口。同时，不同的茶类，滋味也不一样，上等绿茶初尝有苦涩感，但回味浓醇，令口舌生津；粗老劣茶则淡而无味，甚至涩口、麻舌。上等红茶滋味浓厚、强烈、鲜爽；下等红茶则平淡无味。苦丁茶入口是很苦的，但饮后口有回甜。

我们平常购买茶叶时，一般只能观看干茶的外形和色泽，闻干香，这使得判断茶叶的品质更加不易。这里粗略介绍一下鉴别干茶的方法。干茶的外形，主要从四个方面来看，即嫩度、条索、色泽和整碎。

（1）嫩度。嫩度是决定品质的基本因素，所谓“干看外形，湿看叶底”，就是指嫩度。一般嫩度好的茶叶，容易符合该茶类的外形要求，如龙井之“光、扁、平、直”。此外，还可以从茶叶有无锋苗去鉴别，锋苗好，白毫显露，表示嫩度好，做工也好。如果原料嫩度差，做工再好，茶条也无锋苗和白毫。芽叶嫩度以多茸毛做判断依据，只适合于毛峰、毛尖、银针等“茸毛类”茶。因各种茶的具体要求不一样，不能仅从茸毛多少来判别嫩度，如极好的狮峰龙井是体表无茸毛的。再者，茸毛容易人工做假。需注意的是，最嫩的鲜叶，也得一芽一叶初展，片面采摘芽心的做法是不恰当的。因为芽心是生长不完善的部分，内含成分不全面，特别是叶绿素含量很低，所以不应单纯为了追求嫩度而只用芽心制茶。

（2）条索。条索是各类茶具有的一定外形规格，如炒青条形、珠茶圆形、龙井扁形、红碎茶颗粒形等。一般长条形茶，看松紧、弯直、壮瘦、圆扁、轻重；圆形茶看颗粒的松紧、匀正、轻重、空实；扁形茶看平整光滑程度和是否符合规格。一般来说，条索紧、身骨重、圆（扁形茶除外）而挺直，说明原料嫩，做工好，品质优；如果外形松、扁（扁形茶除外）、碎，并有烟、焦味，说明原料老，做工差，品质劣。

（3）色泽。茶叶色泽与原料嫩度、加工技术有密切关系。各种茶均有一定的色泽要求，如绿茶呈翠绿色、乌龙茶呈青褐色、黑茶呈黑油色等。但是无论何种茶类，好茶均要求色泽一致，光泽明亮，油润鲜活；如果色泽不一，深浅不同，暗而无光，说明原料老嫩不一，做工差，品质劣。

茶叶的色泽还与茶树的产地和季节有很大关系。如高山绿茶，色泽绿而略带黄，鲜活明亮；低山茶或平地茶，色泽深绿有光。制茶过程中，由于技术不当，也往往使色泽劣变。购茶时，应根据具体购买的茶类来判断。比如龙井，最好的狮峰龙井，其明前茶并非翠绿，而是有天然的糙米色，呈嫩黄。这是狮峰龙井的一大特色，在色泽上明显区别于其他龙井。因狮峰龙井卖价奇高，茶农会在炒制茶叶过程中稍稍炒过头而使叶色变黄，制造出这种色泽以冒充狮峰龙井。辨别真假的方法是，真狮峰龙井匀称光洁，淡黄嫩绿，茶香中带有清香；假狮峰龙井则角松而空，毛糙，偏黄色，茶香中带有炒黄豆香。不经多次比较，不太容易判断出来，但是一经冲泡，区别就非常明显了。炒制过火的假狮峰龙井，完全没有龙井应有的馥郁鲜嫩的香味。

（4）整碎。整碎就是茶叶的外形和断碎程度，以匀整为好，断碎为次。比较标准的茶叶审评方法是，将茶叶放在盘中（一般为木质），转动盘子，使茶叶在旋转力的作用下，依形状大小、轻重、粗细、整碎形成有次序的分层。其中粗壮的在最上层，紧细重实的集中于中层，断碎细小的沉积在最下层。各茶类都以中层茶为好。上层一般粗老叶子多，滋味较淡，汤色较浅；下层碎茶多，冲泡后往往滋味过浓，汤色较深。

（五）饮茶的注意事项

茶并非越新越好，喝法不当易伤肠胃。新茶由于刚采摘回来，存放时间短，含有较多的未经氧化的多酚类、醛类及醇类等物质，这些物质对胃肠功能差，尤其本身就有慢性胃肠道炎症的人来说，会刺激胃肠黏膜，容易诱发胃病。因此新茶不宜多喝，存放不足半个月的新茶更不要喝。此外，新茶中还含有较多的咖啡因、活性生物碱以及多种芳香物质，这些物质会使人的中枢神经系统兴奋，有神经衰弱、心脑血管病的人应适量饮用，而且不宜在睡前或空腹时饮用。

平时情绪容易激动或比较敏感、睡眠状况欠佳和身体较弱的人，晚上还是以少饮或不饮茶为宜。喝茶的时间最好在饭后，因为空腹饮茶会伤身体，尤其对于不常饮茶的人来说，会抑制胃液分泌，妨碍消化，严重的还会引起心悸、头痛等“醉茶”现象。

需要注意的是，一定不要饮用隔夜茶。另外，一般夏季温度较高，茶水不宜超过 12 小时。

茶属于刺激性饮品，含有鞣酸和咖啡因，青少年不宜喝茶。

（六）喝茶与季节

我国大部分地区是季风气候，春温、夏热、秋凉、冬寒，四季分明。因此，不同季节喝茶也应做相应调整，一般主张：春饮花茶，夏饮绿茶，秋饮青茶，冬饮红茶。

春季宜喝花茶，花茶可以散发一冬淤积于体内的寒邪，促进人体阳气生发；夏季宜喝绿茶，绿茶性味苦寒，能清热消暑，增强肠胃功能，促进消化，防止腹泻、皮肤疮疖感染等；秋季宜喝青茶，青茶不寒不热，能彻底消除体内的余热，使人神清气爽；冬季宜喝红茶，红茶味甘性温，有一定滋补功能。

1. 春饮花茶

春天，春风吹拂，阳气生发，给万物带来了生机，但这时人们却普遍感到困倦乏力，表现为“春困”现象。

人喝花茶，能缓解“春困”带来的不良影响。花茶甘凉而兼芳香辛散之气，有利于散发积聚在人体内的冬季寒邪、促进体内阳气生发，令人神清气爽，可使“春困”自消。

花茶是集茶味之美、鲜花之香于一体的茶中珍品，“花引茶香，相得益彰”。花茶是利用烘青毛茶及其他茶类毛茶的吸味特性和鲜花的吐香特性，将茶叶和鲜花拌和窨制而成，以茉莉花茶最为有名。这是因为，茉莉花香气清婉，入茶饮之浓醇爽口，馥郁宜人。高档花茶的泡饮，应选用透明玻璃盖杯，取花茶 3 克，放入杯里，用 100℃开水冲泡，随即盖上杯盖，以防香气散失。两三分钟后，即可品饮，芬芳扑鼻，令人心旷神怡。

2. 夏饮绿茶

夏日炎热，骄阳似火，人的体力消耗很多，精神不振，这时以品绿茶为好。因绿茶属未发酵茶，性寒，“寒可清热”，最能去火，生津止渴，消食化痰，对口腔和轻度胃溃疡有加速愈合的作用。

绿茶营养成分较高，具有降血脂、防血管硬化等药用价值。绿茶经冲泡后汤色清冽，香气清幽，滋味鲜爽。绿茶中的珍品，有浙江狮峰龙井，汤色碧绿，清香宜人，被誉为“中国绿茶魁首”；江苏太湖碧螺春，茶色碧翠嫩绿，香气浓郁；安徽黄山毛峰，茶味清香。

普通绿茶，可用90℃热水冲泡；高级绿茶和细嫩的名茶，其芽叶细嫩，香气也多为低沸点的清香型，用80℃热水冲泡即可，冲泡时不必盖上杯盖，以免产生热闷气，影响茶汤的鲜爽度。

3. 秋饮青茶

秋天，天高云淡，花木凋落，气候干燥，令人口干舌燥，中医称为“秋燥”，这时宜饮用青茶。青茶，又称乌龙茶，色泽青褐，冲泡后可看到叶片中间呈青色，叶缘呈红色，既有绿茶的清香和天然花香，又有红茶醇厚的滋味，不寒不热，温热适中，有润肤、润喉、生津、清除体内积热、让机体适应自然环境变化的作用。

乌龙茶以闽南安溪铁观音、闽北武夷岩茶为代表。冲泡乌龙茶需90℃热水，泡后片刻将茶壶里的茶水倒入茶杯里，品时香气浓郁，齿颊留香。

4. 冬饮红茶

冬天，天寒地冻，万物蛰伏，寒邪袭人，人体生理功能减退，阳气渐弱，中医认为：“时届寒冬，万物生机闭藏，人的机体生理活动处于抑制状态。养生之道，贵乎御寒保暖”，因而冬天喝茶以红茶为上品。

红茶甘温，可养人体阳气，增强人体的抗寒能力，还可助消化、去油腻。冲泡红茶，宜用刚煮沸的水，并加以杯盖，以免释放香味。英国人普遍有饮“午后茶”的习惯，常将祁红和印度红茶拼配，再加牛奶、砂糖饮用。在我国一些地方，也有将红茶加糖、奶、芝麻饮用的习惯，这样既能生热暖腹，又可增添营养，强身健体。

（七）新茶的鉴别

通常将当年生产的茶叶称为新茶，隔年以后的茶叶称为陈茶。除黑茶中的紧压茶将陈味作为品质好的茶外，其余的茶叶均是新茶品质比陈茶好。新茶色泽油润而均匀，如绿茶色泽呈翠绿、嫩绿、黄绿；红茶色泽呈乌润。如果茶叶色泽枯黄、灰褐、无光泽等，则多为陈茶。茶叶泡开后，汤色清亮、香味正常的多为新茶，汤色深暗、混浊或有沉淀物、无新鲜感者，多为陈茶或受潮的茶叶。

鉴别新茶的五种方法：

（1）观其色。绿茶色泽青翠碧绿，汤色黄绿明亮；红茶色泽乌润，汤色红橙泛亮，是新茶的标志。茶在贮藏过程中，构成茶叶色泽的一些物质，会在光、气、热的作用下，发生缓慢分解或氧化，如绿茶中的叶绿素分解、氧化，会使绿茶色泽变得枯灰无光，而茶褐素的增加，则会使绿茶汤色变得黄褐不清，失去了原有的新鲜色泽；红茶贮存时间长，茶叶中的茶多酚产生氧化缩合，会使色泽变得灰暗，而茶褐素的增多，也会使汤色变得混浊不清，失去鲜活感。

（2）闻其香。科学分析表明，构成茶叶香气的成分有300多种，主要是醇类、酯类、醛类等特质。它们在茶叶贮藏过程中，既能不断挥发，又会缓慢氧化。因此，随着时间的延长，茶叶的香气就会由浓变淡，香型就会由新茶时的清香馥郁而变得低闷混浊。

（3）品其味。在贮藏过程中，茶中的酚类化合物、氨基酸、维生素等构成滋味的特质，有的分解挥发，有的缩合成不溶于水的物质，从而使可溶于茶汤中的有效滋味物质减少。因此，不管何种茶类，大凡新茶的滋味都醇厚鲜爽，而陈茶显得淡而不爽。

（4）干湿分辨法。新茶刚刚炒出来，除非商家造假，一般比较干燥。旧茶因放置时间较长，返潮影响会使茶叶手感稍重，用手摩擦，没有那种清脆的摩擦音。

（5）辨别细毫法。许多绿茶炒制成形后，能够形成自然的细毛，这样的茶叶喝起来口感清爽、甜香。但放置时间长了，细毛会凝聚成不易察觉的小团，这样的茶叶泡出来色香味都会逊色不少。

二、品茶用具的基本知识

（一）茶具的发展

最早的茶具是简单的陶器或石器，随着茶文化的发展，茶具也逐渐演变出不同的形态和种类。

唐代是茶具发展的高峰期，多用铜、银、金、玉等贵重材料制成，主要有茶盏、茶壶、茶船等，这些茶具的设计和制作工艺已经非常精细。

宋代时期，茶盘、茶叶罐、茶巾、茶匙等茶具开始出现。同时，茶道文化也开始流行，茶具的设计更加注重美学和实用性的结合。

明代时期，茶具的种类更加多样化，茶壶、茶杯、茶盘等茶具的制作工艺更加精湛，装饰也更加华丽。

清代时期，茶文化达到了巅峰，茶具的制作工艺和装饰更加精美，茶道文化也更加繁荣。

现代茶具则更加注重实用性和人性化的设计，茶具的种类更加多样化，同时也更加注重环保和健康的理念。

茶具的发展经历了漫长的历史，也见证了茶文化的不断发展和变革。

（二）茶具材质分类

1. 青瓷茶具

早在东汉年间，已开始生产色泽纯正的青瓷；晋代，浙江的越窑、婺窑、瓯窑已具相当规模；唐代，制瓷业已经成为独立的部门；宋代，作为当时五大名窑之一的浙江龙泉哥窑生产的青瓷茶具，已达到鼎盛时期，远销各地；明代，青瓷茶具更以其质地细腻、造型端庄、釉色青莹、纹样雅丽而蜚声中外。

（1）工艺。青瓷是在坯体上施以青釉（以铁为着色剂的青绿色釉），烧制而成。我国历代所称的缥瓷、千峰翠色、艾色、翠青、粉青等瓷，都是指青瓷。

（2）美誉。青瓷以瓷质细腻，线条明快流畅、造型端庄浑朴、色泽纯洁而著称于世。唐代制瓷业已经成为独立的部门，唐代诗人陆龟蒙曾以“九秋风露越窑开，夺得千峰翠色来”的名句赞美青瓷。16 世纪末，龙泉青瓷就出口到法国。青瓷“青如玉，明如镜，声如磬”，被称为“瓷器之花”，珍奇名贵。

（3）适用。除具有瓷器茶具的众多优点外，青瓷因色泽青翠，用来冲泡绿茶，更有益汤色之美。如果用它来冲泡红茶、白茶、黄茶、黑茶，则易使茶汤失去本来面目，似有不足之处。

2. 白瓷茶具

白瓷最早创烧于东汉之前，唐代的白瓷制作讲究，胎土淘洗洁净，杂质少，白度比较高；元代白瓷是白中含青，白瓷出现倒退现象；明代又恢复白瓷的本像。

（1）工艺。白瓷一般是指瓷胎为白色，表面为透明釉的瓷器。白瓷的釉料中没有或只有极微量的呈色剂，生坯挂釉，入窑经过高温烧成，具有坯质致密透明，上釉、成陶火度高，无吸水性，音清而韵长等特点。

（2）美誉。白瓷也是烧制色瓷的基础瓷，是五彩瓷、青花瓷、斗彩瓷最好的底背基础瓷。白瓷至今在各色瓷中烧制量最大，市场占有率最大。早在唐时，河北邢窑生产的白瓷器具已“天下无贵贱通用之”。唐朝白居易还作诗盛赞四川大邑生产的白瓷茶碗。元代，江西景德镇白瓷茶具已远销国外。

（3）适用。白瓷因色泽洁白，能反映出茶汤色泽，传热、保温性能适中，加之造型各异，堪称饮茶器皿中之珍品。茶圣陆羽在《茶经》中，曾推崇唐代邢窑白瓷为上品，并形容它的胎釉像雪一样洁白。

3. 彩瓷茶具

彩瓷茶具的品种花色很多，其中以青花瓷茶具最引人注目。

青花瓷茶具以清幽淡雅、意境幽远的写意特色与茶文化相融合，深受人们的喜爱与欢迎。目前发现最早的青花瓷标本是唐代的；成熟的青花瓷器出现在元代；明代青花瓷成为瓷器的主流；清康熙时青花瓷发展到了顶峰。明清时期，还创烧了青花五彩、孔雀绿釉青花、豆青釉青花、青花红彩、黄地青花、哥釉青花等品种。

（1）工艺。青花瓷茶具，是指以氧化钴为呈色剂，在瓷胎上直接描绘图案纹饰，再涂上一层透明釉，在窑内经 1 300℃左右高温烧制而成的器具。

（2）美誉。对“青花”色泽中“青”的理解，古今有所不同。古人将黑、蓝、青、绿等诸色统称为“青”。青花瓷茶具的特点是花纹蓝白相映成趣，有赏心悦目之感；色彩淡雅，有华而不艳之美，加之彩料之上涂釉，显得滋润明亮，更平添了茶具的魅力。

（3）适用。青花瓷茶具通过茶具的形式将茶文化展示给广大青花瓷爱好者。青花瓷茶具主要有盖碗、公杯、青花品杯、青花茶盘等。

4. 陶器茶具

陶器茶具是指用陶土烧制而成的茶具。陶器是新石器时代的重要发明，是人类最早制作、使用的器皿之一，从最初的粗陶逐渐演变为硬陶，再发展为表面敷釉的釉陶，一直到紫砂陶。陶器茶具在人类饮茶史上曾发挥过重要作用，但在瓷器出现后，陶器茶具逐渐被淘汰。近年来，随着茶艺的盛行，特别是茶席设计的兴起，陶器茶具又受到重视。

（1）工艺。陶器茶具是将黏土成形、干燥后放在窑内于高温下烧制而成，为多孔、不透明的非玻璃质，通常上釉，也有不上釉的。陶器质地比瓷器粗糙，通常呈黄褐色，也有涂上别的颜色或彩色花纹的，现代用的陶器大多涂上粗釉。

（2）适用。陶器茶具造型多样，或高雅、或古朴、或抽象、或形象，色彩古雅，坯质致密坚硬，敲击音低沉，无吸水性。陶器茶具保温性能好，能保真茶叶的原始风味，在夏天泡茶也不易变质，还可直接放在炉上煮茶。

5. 搪瓷茶具

搪瓷茶具以坚固耐用、图案清新、轻便耐腐蚀而著称。搪瓷工艺起源于古代埃及，以后传入欧洲，现在使用的铸铁搪瓷始于 19 世纪初的德国与奥地利。搪瓷工艺传入中国，大约是在元代。我国于明代景泰年间创制的景泰蓝搪瓷茶具，被称为“珐琅镶嵌工艺品”。清代乾隆年间，景泰蓝搪瓷开始由皇宫传到民间，可以说，这就是我国搪瓷工业的开始。20 世纪初期，搪瓷茶具在我国开始大规模生产。

（1）工艺。搪瓷又称珐琅，是将无机玻璃质材料通过熔融凝于基体金属上并与金属牢固结合在一起的一种复合材料。在金属表面进行瓷釉涂搪可以防止金属生锈，使金属在受热时不至于在表面形成氧化层并且能抵抗各种液体的侵蚀。

（2）美誉。在众多的搪瓷茶具中，有洁白、细腻、光亮，可与瓷器媲美的仿瓷茶杯；有饰有网眼或彩色加网眼，且层次清晰，较有艺术感的网眼花茶杯；有式样轻巧，造型独特的鼓形茶杯和蝶形茶杯；有能起保温作用，且携带方便的保温茶杯，以及可作放置茶壶、茶杯用的加彩搪瓷茶盘。

（3）适用。搪瓷茶具质地坚固、耐于使用、图案清晰、重量较轻且不易腐蚀。但是，搪瓷茶具因传热迅速，很容易烫到手，且置于茶几上时会将桌面烫坏，所以使用的时候有一定的局限性，通常不用来招待宾客。

6. 漆器茶具

我国的漆器起源久远，在距今约 7 000 年前的浙江余姚河姆渡遗址，就有作为饮器的木胎漆碗，距今 4 000 ～ 5 000 年的浙江余杭良渚遗址，也有用作饮器的嵌玉朱漆杯。漆器茶具始于清代，主要产于福建福州。漆器茶具较有名的有北京雕漆茶具、福州脱胎漆茶具、江西鄱阳等地生产的脱胎漆器等，均具有独特的艺术魅力。

（1）工艺。脱胎漆茶具的制作精细复杂，先根据设计要求做成木胎或泥胎模型，其上用夏布或绸料以漆裱上，连上几道漆灰料，然后脱去模型，再经填灰、上漆、打磨、装饰等多道工序，才最终制成。

（2）美誉。福州生产的漆器茶具多姿多彩，有“宝砂闪光”“金丝玛瑙”“釉变金丝”“仿古瓷”“雕填”“高雕”“嵌白银”等品种。特别是创造了红如宝石的“赤金砂”和“暗花”等新工艺以后，漆器茶具更加鲜丽夺目，惹人喜爱。

（3）适用。脱胎漆茶具通常是一把茶壶连同四只茶杯，存放在圆形或长方形的茶盘内，壶、杯、盘通常呈一色，多为黑色，也有黄棕、棕红、深绿等色，并以书画装饰，饱含文化意蕴。脱胎漆茶具轻巧美观，色泽光亮，又不怕水浸，能耐温、耐酸碱腐蚀。脱胎漆茶具除有实用价值外，还有很高的艺术欣赏价值，常被鉴赏家收藏。

7. 金属茶具

古代还有用金、银、铜、锡等金属制作的茶具，尤其是锡作为贮茶器具材料有较大的优越性。锡罐多制成小口长颈，盖为筒状，比较密封，因此对防潮、防氧化、防光、防异味都有较好的效果。

8. 紫砂茶具

紫砂茶具是江苏宜兴的地方传统工艺品，由陶器发展而成，是一种新质陶器。它始于宋代，盛于明清，流传至今。

（1）工艺。紫砂茶具是用江苏宜兴南部及其毗邻的浙江长兴北部的一种特殊陶土烧制而成的。这种陶土含铁量大，有良好的可塑性，烧制温度以 1 150℃左右为宜。紫砂茶具经过“澄”“洗”，出现不同的色彩；还可通过不同质地陶土的调配，呈现古铜、淡墨等色。

（2）美誉。宜兴紫砂茶具之所以受到茶人的钟情，除了风格多样，造型多变，富含文化品位外，还与这种茶具的三大特点有关，即泡茶不走味，贮茶不变色，盛暑不易馊。

（3）适用。紫砂茶具的坯质致密坚硬，无吸水性，耐寒耐热，且传热缓慢，不易烫手。

9. 玻璃茶具

玻璃，古人称为流璃或琉璃，是一种有色半透明的矿物质。用这种材料制成的茶具，能给人以色泽鲜艳、光彩照人之感。中国的琉璃制作技术虽然起步较早，但直到唐代，随着中外文化交流的增多，西方琉璃器的不断传入，中国才开始烧制琉璃茶具。宋时，中国独特的高铅琉璃器具相继问世。元、明时，规模较大的琉璃作坊在山东、新疆等地出现。清康熙时，在北京开设了宫廷琉璃厂，只是自宋至清，虽有琉璃器件生产，但多以生产琉璃艺术品为主，只有少量茶具制品，始终没有形成琉璃茶具的规模生产。

（1）工艺。玻璃茶具一般是用含石英的沙子、石灰石、纯碱等混合后，在高温下熔化、成形，再经冷却后制成。

（2）美誉。现代的玻璃茶具已有很大的发展，玻璃质地透明，光泽夺目，外形可塑性大，形态各异，用途广泛。用玻璃茶具泡茶，茶汤的鲜艳色泽、茶叶的细嫩柔软、叶片的逐渐舒展等，可以一览无余，是一种动态的艺术欣赏。特别是冲泡各类名茶，茶具晶莹剔透，杯中轻雾缥缈，芽叶亭亭玉立，观之赏心悦目。玻璃茶具价廉物美，深受广大消费者的欢迎。

（3）适用。在众多的玻璃茶具中，以玻璃茶杯最为常见，是一种较好的饮茶器皿。用它来冲泡各种细嫩名优茶，最富品赏价值。但玻璃茶杯质脆，易破碎，比陶瓷烫手。

10. 竹木茶具

隋唐以前，我国饮茶虽渐次推广开来，但属粗放饮茶。当时的饮茶器具，除陶瓷器外，民间多用竹木制作而成。陆羽在《茶经·四之器》中列出的 28 种茶具，多数是用竹木制作的。竹木茶具，来源广，制作方便，对茶无污染，对人体又无害，因此，自古至今，一直受到茶人的欢迎。但缺点是不能长时间使用，无法长久保存。到了清代，在四川出现了一种竹编茶具，它既是一种工艺品，又富有实用价值，主要品种有茶杯、茶盅、茶托、茶壶、茶盘等，多为成套制作。

（三）茶具的使用

不同种类的茶用不同的茶具进行搭配，可以更好地衬托茶的色泽、形态、香味，使品茶的过程趋于完美。

（1）绿茶：可选用透明无花纹的玻璃杯，或是白瓷、青瓷、青花瓷茶具等。

（2）黄茶：可选用奶白瓷、黄釉瓷器和以黄、橙为主色的五彩瓷壶、杯具、盖碗、盖杯等。

（3）白茶：可选用白瓷壶杯具，或反差很大的内壁施黑釉的黑瓷茶具，以衬托出茶的白毫。

（4）红茶：可选用内壁施白釉的紫砂茶具，白瓷、红釉瓷的瓷壶、盖碗、盖杯等，烘托出红茶如玛瑙般的茶色。

（5）乌龙茶：可选用白瓷质地的壶、盖碗、盖杯，或是紫砂质地的茶具。

（6）黑茶：可选用紫砂壶、白瓷杯具，或是飘逸杯等茶具。

（7）花茶：可选用青瓷、青花瓷、粉彩瓷器的瓷壶、盖碗、盖杯等。

（四）常用茶具

1. 茶杯

茶杯就是喝茶的杯子。茶杯的种类、大小应有尽有，不同的茶可用不同的茶杯。以前茶友在喝茶前要先闻茶叶的香味，就有了闻香杯，近几年，闻香杯和茶杯化身为同一个杯子，既可以边喝茶也能边闻茶香。

2. 茶漏

茶漏又称茶斗，在将茶叶水倒入茶壶时，能有效过滤茶汤中残留的茶叶等。

3. 盖碗

盖碗是一种上有盖、下有托、中有碗的茶具，又称“三才碗”“三茶杯”。盖为天、托为地、碗为人，暗含天地人和之意。使用盖碗时既可以一人用一套，也可以用来泡茶后分饮。

4. 茶盘

茶盘是用来放置茶杯或者其他茶具的盘子，以盛接泡茶过程中流出或倒掉的茶水，也可以用作摆放茶杯的盘子。茶盘有塑料制品、不锈钢制品，形状有圆月形、棋盘形等多种。

5. 茶则

把茶从茶罐中取出置于茶荷或茶壶时，需要用茶则来量取。

6. 茶挟

茶挟又称茶筷，可将茶渣从茶壶中挟出。也常有人拿它挟着茶杯洗茶，既防烫伤又卫生。

7. 茶巾

茶巾又称为茶布，主要功能是擦干壶身等。饮茶之前用茶巾将茶壶底部的杂水擦干，也可以擦拭滴落在桌面的茶水。

8. 茶针

茶针的功能是疏通茶壶的内网（蜂巢），以保持水流畅通。

9. 煮水器

煮水器也就是煮泡茶水的容器。泡茶的煮水器在古代用风炉，目前较为常见的是酒精灯及电壶，此外还有瓦斯炉及电开水机。

10. 茶叶罐

茶叶罐就是储存茶叶用的罐子。茶叶罐必须无杂味、能密封且不透光，其材料有马口铁、不锈钢、锡合金及陶瓷等。

11. 茶船

茶船是用来放置茶壶的容器。

12. 茶匙

茶匙又称茶扒，形状像汤匙，所以称茶匙，主要用来挖取泡过的茶壶内的茶叶。茶叶冲泡过后，体积会变大，加上一般茶壶的口都不大，用手拿出茶叶既不方便也不卫生，这时可使用茶匙。

（五）主要茶类的冲泡要领

（1）绿茶：用 80 ℃左右的热水冲泡，每次泡 30 秒至 1 分钟，可重复泡 3 ～ 4 次。

（2）黄茶：用 85 ～ 90℃的热水冲泡，每次泡 1 ～ 2 分钟，可重复泡 3 ～ 4 次。

（3）白茶：用 85 ～ 90℃的热水冲泡，每次泡 2 ～ 3 分钟，可重复泡 3 ～ 4 次。

（4）红茶：用 100℃的开水冲泡，每次泡 3 ～ 5 分钟，可重复泡 2 ～ 3 次。

（5）乌龙茶：用 90℃左右的热水冲泡，每次泡 1 ～ 2 分钟，可重复泡 4 ～ 5 次。

（6）黑茶：用 100℃的开水冲泡，每次泡 5 ～ 10 分钟，可重复泡 2 ～ 3 次。

（7）花茶：一般需要先用 100 ℃的开水冲泡 30 秒至 1 分钟，然后再用 80 ～ 90℃的热水冲泡，每次泡 1 ～ 2 分钟，可重复泡 3 ～ 4 次。

（8）普洱茶：用 100℃的开水冲泡，第一泡需要冲泡 30 秒至 1 分钟，然后将水倒掉，再用开水冲泡 1 ～ 2 分钟，可重复泡多次。

知识链接

常见的与茶相关的英语

1. 普洱茶：Pu-erh Tea
2. 龙井茶：Longjing Tea
3. 祁门红茶：Keemun Black Tea
4. 铁观音：Tie Guanyin Tea
5. 大红袍：Dahongpao Tea
6. 珠茶：Zhu Tea
7. 黑茶：Dark Tea
8. 红茶：Black Tea
9. 绿茶：Green Tea
10. 花茶：Flower Tea
11. 茉莉花茶：Jasmine Tea

12. 乌龙茶：Oolong Tea

13. 白茶：White Tea

14. 花草茶：Herbal Tea

15. 茶道：Tea Ceremony

16. 茶艺：Tea Art

17. 茶具：Tea Set

18. 茶杯：Tea Cup

19. 茶壶：Tea Pot

20. 茶叶：Tea Leaves

21. 茶汤：Tea Liquor

22. 茶香：Tea Aroma

23. 茶味：Tea Flavor

24. 茶人：Tea Person

25. 茶文化：Tea Culture

26. 茶友：Tea Friend

27. 茶馆：Tea House

28. 茶室：Tea Room

29. 茶庄：Tea Shop

30. 茶艺表演：Tea Performance

三、茶事活动

茶事活动是指与茶有关的各种社交活动或仪式，通常包括茶艺表演、茶话会、茶道体验等。

（1）茶艺表演。茶艺表演是一种将茶文化与表演艺术相结合的活动，可以展示茶的文化内涵和工艺技巧。

（2）茶话会。茶话会是一种茶友聚会的形式，通常在茶馆或茶室举行，茶友们可以品尝不同种类的茶叶，分享茶叶知识和经验，进行深入的茶文化交流。

（3）茶道体验。茶道体验通常是在茶道馆或茶室进行，通过制茶、点茶、煮茶等环节，展示茶文化。

（4）茶艺培训。茶艺培训是一种学习茶艺技巧和茶文化的活动，包括制茶、泡茶、品茶、茶具使用等方面的培训。

（5）茶文化节。茶文化节通常在茶叶产区或茶文化重镇举行，展示当地茶文化的特色和风情，吸引茶友和游客前来参观和品尝茶叶。

（6）茶艺比赛。参赛者需要在规定的时间内制茶、泡茶、品茶等，展示其茶艺技巧。

（一）茶事服务流程

（1）迎宾：热情地迎接游客，并引导游客就座。

（2）介绍茶叶：向游客介绍本次提供的茶叶种类、产地、工艺和特点等，让游客对茶叶有初步了解。

（3）准备茶具：根据游客的要求和茶叶种类，选取合适的茶具，如茶壶、茶杯、茶盘等，并进行必要的清洁和烫洗。

（4）泡茶：根据茶叶的种类和泡茶方法，将茶叶放入茶壶中，注入适量的温水。

（5）呈茶：将泡好的茶水倒入茶杯中，并呈到游客面前，注意姿态和动作要优雅。

（6）询问口感：询问游客对茶水的口感是否满意，并根据游客的反馈调整泡茶的方法。

（7）补水续茶：在游客喝完茶后，及时为游客补水，续上新茶。

（8）道别：游客离开时，要热情地送客，并表示感谢。

（二）茶事服务注意事项

（1）茶具和茶叶要保持干净卫生，不要混用。

（2）泡茶时，要注意水温、时间和比例，不同茶叶需要不同的泡茶方法。

（3）呈茶时，要注意姿态和动作，避免出现不雅的行为。

（4）询问游客口感时，要注意游客的感受和反馈，不要强迫游客接受自己的意见。

（5）服务过程中，要注意游客的需求和要求，尽可能满足游客的需求。

（6）在游客离开时，要热情地送客，并表示感谢，并询问游客对服务的意见和建议。

（三）茶事服务的礼仪

（1）注意茶具的质量：茶具的质量不仅影响泡茶的效果，也会影响游客的用茶体验。因此，工作人员应该选择质量好、材质适宜的茶具。

（2）注意茶叶的泡法：不同种类的茶叶有不同的泡法，工作人员应该根据茶叶的特点和游客的口味选择合适的泡法。

（3）注意茶叶的冲泡温度：不同种类的茶叶需要不同的冲泡温度，工作人员应该根据茶叶的特点和游客的口味选择合适的冲泡温度。

（4）注意倒茶的顺序：倒茶的顺序应该从游客的右侧开始，按游客的身份高低依次倒茶。

（5）注意倒水的方式：倒水时应该保持茶壶和茶杯的距离适当，避免水花溅到茶杯外面。

（6）注意礼仪姿态：工作人员应该保持端庄的姿态，不要过于张扬或过于拘谨，以体现文化素养和风度。

总之，茶事服务礼仪不仅是一种传统文化形式，也是一种细致周到的服务体现。通过遵守礼仪规范，工作人员可以展现自己的风度和文化素养，让游客感受到热情和关爱。

（四）南宋点茶模拟训练

1. 要求

掌握茶事服务的程序，熟悉服务过程中的注意事项。

投茶量：2～3勺；水温：85～90℃；不同的茶粉，水温稍有区别；茶水比：1∶80（口感更佳）。

2. 工具准备

汤瓶（执壶）——用于盛水注水，古代称为“汤提点”。

茶筅——点茶调沸茶汤，古代称为“竺副帅”。

茶匙——舀取茶粉，调茶膏。

茶盒——盛放茶粉。

茶杯——调作画的茶膏，平时也可不用。

茶盏——盛放茶汤茶点，古代称为“陶宝文”。

茶巾——清洁茶具，保持桌面干爽，古代称为“司职方”。

3. 流程熟悉

（1）温热茶盏。

先注少量的热水，温热茶盏。回旋一圈，将茶盏边缘尽量全部温热到，并将沸水倒入水盂。

（2）放入茶粉。

取 2 ～ 3 勺茶粉倒入茶盏，茶匙擦拭干净后放回原位。茶粉有很多种类，常见的有白茶粉、黑茶粉、红茶粉、抹茶粉（绿茶粉）。

（3）注水调膏。

注入少量的水进行调膏，水位不要没过茶粉，调膏时沿一个方向打圈，茶粉尽量调细腻，方便起沫。

（4）点出汤花。

第二次注水注到大概 2/5 的水位。左手护住茶碗，右手吊肘旋臂，胳膊肘固定不动，晃动手腕画“N”形或“W”形，击拂茶汤，点出汤花。

（5）丰富汤花。

第三次注水，大概一半水位。再次击拂，这一次速度要更快一些，点出更丰富绵密的汤花。

（6）调节汤花（丰富度）。

第四次注水，大概 3/5 的水位。视情况调节击拂速度，如果汤花少，可以加快速度；汤花丰富，但是小气泡多，可以稍微慢一点。这次击拂时间可以稍长一些，时间越长，汤花越白，越浓稠细腻。

（7）调节汤花（细腻度和白净度）。

点出比较丰富、浓稠的汤花以后，可以进行最后一次注水，大概七分满。击拂时，力度可以稍微缓一些，主要是调节汤花细腻度和白净度，时间越长越白越浓稠，汤花喝起来也更丝滑。

（8）欣赏茶汤。

点完以后可以直接欣赏茶汤或者品饮，也可以进行调膏作画。

4. 训练内容考核评价

（1）茶艺技能：评估参与者的制茶、泡茶、品茶等茶艺技能的熟练程度和准确性。

（2）茶叶知识：评估参与者对茶叶的种类、产地、工艺和特点等方面的了解程度。

（3）服务态度：评估参与者在茶事服务中的热情、礼貌、细致和周到程度。

（4）服务流程：评估参与者在茶事服务中的流程是否正确、有序、规范。

（5）游客满意度：评估游客对茶事服务的满意度和评价，包括品茶口感、茶艺表现、服务态度等方面。

（6）问题解决能力：评估参与者在茶事服务中解决问题的能力和应变能力。

（7）团队协作：评估参与者在团队中的协作能力和沟通能力。

第二节 邮轮艺术品鉴赏与拍卖

邮轮上的艺术品拍卖是指在邮轮上举办的交易活动，旨在向游客展示和销售各种艺术品，包括绘画、雕塑、摄影作品等。这些拍卖会通常由专业的艺术品拍卖行或个人组织，为游客提供一个了解、欣赏和购买艺术品的机会。

在邮轮上的艺术品拍卖会中，艺术品通常是在游轮的展示厅或特定的区域展示。游客可以在艺术品展示期间自由欣赏，并在拍卖会开始前获取拍卖目录。拍卖会通常由拍卖师主持，游客可以通过现场竞拍或在线竞拍来购买心仪的艺术品。邮轮上的艺术品拍卖会不仅是购买艺术品的机会，也是一个了解艺术品市场的好机会。拍卖会还会提供专业的艺术品评估和鉴定服务，帮助游客确定艺术品的价值和真实性。

一、艺术品的认知

（一）艺术品的概念

艺术品是指具有艺术性、文化性和审美价值的物品或作品，包括绘画、雕塑、摄影、装置艺术、表演艺术、音乐、文学、建筑等。它们是艺术家对自然、社会、人类等各种现象的表达和创造，传达出深刻的思想、情感和价值观，能够引起人们的共鸣和情感体验，具有一定的历史、文化和社会意义。艺术品不仅是艺术家个人的创造和表达，也是社会、文化和历史的产物。因此，艺术作品的使用价值很大程度上受到主观因素的影响。现代艺术实践使得艺术品的概念范围越来越大，冲击着种种传统艺术品概念的界定。美国分析美学家布洛克站在后分析美学的立场上，从艺术品与人的意图、艺术品的非功利性、艺术品与艺术习俗、开放的艺术品概念等四个方面，重新界定了艺术品的概念。

（二）艺术品的构成要素

1. 形式

艺术品的形式是指它的外在表现形式，如绘画的线条、色彩、构图，雕塑的形态、质感，音乐的节奏、旋律等。

2. 内容

艺术品的内容是指它所表达的思想、情感、主题等，如文学作品的情节、人物、主题，绘画作品的意象、象征等。

3. 风格

艺术品的风格是指艺术家创作时所采用的特定的艺术表现方式，如印象派的色彩和光影效果、抽象艺术的形式和结构等。

4. 技法

艺术品的技法是指艺术家在创作过程中所采用的技术手段和表现方法，如绘画中的画笔运用、色彩运用，雕塑中的刻刀运用等。

5. 历史背景和文化环境

艺术品的创作和传播受到历史背景和文化环境的影响，同时，艺术品的创作和传播也影响着历史和文化的发展。因此，理解艺术品也需要结合它所处的历史和文化背景。

（三）艺术品的特征

1. 审美价值

艺术品是具有审美价值的，它能够引起人们的美感体验和情感共鸣。

2. 创造性

艺术品是艺术家创造的产物，它们具有独特的思想、情感和表现方式，是创造性的体现。

3. 传达意义

艺术品不仅仅是美的表现，更是对社会、文化、人性等方面的思考和表达，具有深刻的意义和价值。

4. 多样性

艺术品的表现形式和内容多种多样，包括绘画、雕塑、音乐、文学等，每种艺术形式又有独特的表现方式和特点。

5. 历史性

艺术品是时代的产物，它们反映了不同历史时期的社会、文化和思想状况，具有历史性的特征。

6. 观念性

艺术品的创造与艺术家的观念和思想密切相关，它们具有一定的观念性和思想性，能够引发人们的思考和探究。

（四）艺术品的价值与价格

1. 艺术品的价值

艺术品作为一种特殊商品，具备商品的基本属性，即使用价值和价值。作为商品的艺术品不同于一般的商品，它的使用价值不是表现为某种物质的工具性，而是体现在精神和文化上，能够满足人们的某种审美需要和精神需要。因此，人的主观因素对艺术品使用价值的形成起到决定性作用。艺术品的价值仍是凝聚在其中的无差别的人类劳动，艺术品价格作为其价值的市场货币表现，反映了相互间的交换比率和市场对艺术品价值的商业认同，并主要由艺术家自身劳动所创造的价值和艺术品市场供求矛盾关系所决定。但由于艺术品创作具有自主性、个体性、创造性和不可重复性等属性，因此，它与一般商品的批量生产等特点不尽相同，这主要表现在创作过程和创作时间上。艺术品的价值形成也具有事先不可确定性，因此艺术品又可称为自由的精神生产，不可能完全等同于一般商品。

2. 艺术品的价格

作为艺术品价值的货币表现，艺术品的价格能在一定程度上表现出艺术品作为商品的相对价值。但艺术品的价值与价格之间的关系在很多情况下是非常复杂和不稳定的。仅仅根据艺术品的价格来判断艺术品的价值是不可行的。决定艺术品价格的因素除了价值外，还有许多其他非价值的因素值得考虑。

艺术品的价格主要由以下因素决定：

（1）作者的知名度。艺术品的市场价格与作者的知名度息息相关。作者名气越大，其作品的市场价格也就越高。

（2）作品质量。作者的知名度虽是影响艺术品市场价格的一个重要因素，但作品的质量才是决定市场价格的关键。买家通常追求的是精品，作品质量的优劣直接影响着其市场价格。

（3）作品时间的久远和存世量。由于艺术品的流传和保存并不容易，因此，艺术品的年代越久远，其价格也就越高。

此外，“物以稀为贵”的道理同样适用于艺术品。如果某种艺术品的存世量极为有限，那么它的价格就会相对较高。根据供求规律，供不应求的艺术品价格会飞涨。这也是一些画家去世后，其作品价格会上涨的原因。此外，艺术品的尺寸也会影响价格。通常来说，尺寸越大的画作价格也越高，因为大型画作通常是为特定对象创作的，数量很少。当然，有时候一些小型珍品，比如手卷类作品，也会以极高的价格售出。

（4）审美情趣的差异。艺术品的审美价值既有客观的社会标准，又具有丰富的个性差异。艺术家的作品是一种个人自由精神的产物，艺术家自己认为优秀的作品并不一定能够得到公众的认可，或者在一段时间内得到公众的认可。例如，凡·高的画在他的生前并没有得到社会的认可，他只卖出了一幅作品，而在他去世后，他的画作价格却暴涨。

二、艺术品市场的管理

艺术品市场的管理是综合的管理体系，涉及法律、道德、管理、服务、信息等多方面的统筹规划，是一个复杂的系统工程。

艺术品市场有原创作品的权利登记制度。原创作品的著作权包括发表权、修改权和获得报酬权等 17 项具体的权利，这是一种绝对权，不受任何其他权利的制约，是独立存在的。著作权的产生不依赖于任何程序，作品只要创作完成，作者就享有了著作权。登记制度对原创作品有较好的保护作用。从法律的角度讲，办理了登记的作品，并不必然妨碍同类题材的其他具有独创性的作品的创作与传播。作品登记主要是为了方便作品的著作权人与作品的使用、传播者，在作品发生权利转移或权利受到侵害时，充当一种类似于产权归属证明的证据。因此，鼓励登记一定要坚持自愿原则，强制登记或任何扩大作品强制登记范围的做法都是不可取的。

三、艺术品鉴赏基础

在艺术领域中有许多不同类型的艺术作品，每种类型都有其独特的特点和风格。绘画、雕塑、版画和摄影是其中常见的艺术品分类。

（一）绘画

绘画是一种通过使用各种绘画材料（如油画、水彩、素描、丙烯等）在画布、纸张或其他表面上创作图像的艺术形式。艺术家可以使用不同的技巧和风格来表达他们的想法和情感。

（1）写实主义：追求对现实的精确描绘，重视细节和逼真性。

（2）印象派：强调捕捉光影和瞬间的感觉，使用快速的笔触和明亮的色彩。

（3）抽象表现主义：强调情感和内在经验，通过抽象的形式和笔触表达情感。

（4）立体主义：以几何形状和多角度的视角来描绘物体，突破传统的视角和透视方法。

（二）雕塑

雕塑是一种通过雕刻、塑造或建造来创造三维形象的艺术形式。雕塑可以由各种材料制成，包括大理石、金属、木材、陶土等。雕塑以立体形式表现，可以是人物、动物、抽象形状等。

（三）版画

版画是一种通过在平面表面上刻、印、拓印等方式创作图像的艺术形式。版画可以使用多种技术，如木刻版画、铜版画、丝网印刷等。

（1）木刻版画：在木板上雕刻图像，然后将墨水涂抹在雕刻部分，再将纸张压在上面形成图像。

（2）铜版画：在金属板上涂抹蜡或酸性物质，然后在板上刻画图像，再通过蚀刻过程形成图像。

（3）丝网印刷：利用丝网将墨水传送到纸张或其他平面表面上，可以进行多次印刷以创建复杂的图像。

（四）摄影

摄影是一种通过相机捕捉光线并记录图像的艺术形式。摄影可以涵盖从风景到人物、从抽象到纪实等各种主题和风格。

（1）纪实摄影：记录真实世界的图像，强调客观和真实性。

（2）风景摄影：拍摄自然风光或城市景观，强调环境的美感和壮丽。

（3）人像摄影：拍摄人物的形象，通过表情、姿势和环境来展现人物的特点和情感。

四、艺术品的拍卖全流程

（一）委托拍卖阶段

委托拍卖阶段需确定委托人身份，主要指身份证明及证明委托人身份的文件。如果委托人是自然人，应当提供身份证；如果委托人是法人或者其他组织，应当提供企业法人营业执照、社团法人登记证明等。

委托拍卖阶段需确定委托人的权利，主要是拍卖标的物所有权证明或依法可以处分拍卖标的的证明，以及能够证明委托人对即将拍卖的物品或财产享有所有权和处分权的证明材料。

拍卖人必须了解委托人委托的拍卖标的物的性质。委托人必须提供拍卖标的物的详细资料，包括拍卖标的的名称、数量、质量、新旧程度及存放地点。由于拍卖标的物具有广泛性的特点，对于不同标的物，拍卖人应争取获得尽可能详细的资料。经与委托人协商，确定拍卖标的物的保留价、佣金收取的比例及拍卖方式等。

拍卖人与委托人签订《委托拍卖协议书》，也可称为委托拍卖合同（以下简称协议书）。协议书应包括以下内容：委托人、拍卖人的名称、住所；拍卖标的物的名称、数量、住所（存放地）、状况；拍卖标的物的保留价；佣金及其支付的方式、期限，价款的支付方式、期限；拍卖的时间、地点，拍卖价款的结算期限，标的物的交付方式及期限；拍卖的方式及有关再拍卖的条款；拍卖程序的中止和终止的条件；拍卖当事人的违约责任；签约时间和合同的有效期限；其他需约定的条款。

（二）公告与展示

拍卖的公告过程包括：拍卖的公告、对拍卖标的物的宣传、与竞买人的联络与咨询以及拍卖标的物的展示。

拍卖的公告即拍卖人将拍卖的大概情况告知社会公众，关于告知的时间，《中华人民共和国拍卖法》中已有明确的规定，即必须于拍卖日7日前发布。告知的常用方式为在媒介上刊登广告等，公告本身并不是合同意义上的要约，而只是邀请谈判。拍卖公告一般应载明下列事项：拍卖的委托人（除委托人要求保密外）；拍卖的性质；拍卖标的物的名称、种类、数量、品质；拍卖标的物展示的时间、地点；拍卖咨询的时间、地点；拍卖的时间、地点；联系人及联系方式；竞买人的资格和条件及拍卖保证金的金额与交付方式；其他应告知竞买人的事项。

对拍卖标的物的宣传，告知虽说必须满7日，但为了使拍卖标的物有更多买主，公告、展示的时间可以更长一些，也就是购买标的物的竞买人越多越好，对拍卖标的物的情况了解得越详细越好。一般来说，拍卖人并不承担对拍卖标的物的担保责任，尤其是公物拍卖。但拍卖人应当告知竞买人标的物的瑕疵，这对于体现拍卖的公正及拍卖人树立良好的企业形象都是十分重要的。在拍卖物的展示期间，拍卖人必须提供拍卖标的物的详细资料，如《拍卖须知》《拍卖特别规定》《拍品目录》。这些拍卖资料一般应包括下列内容：拍卖标的物的名称、数量、质量等；拍卖标的物价款的支付方式及期限；佣金和其他相关费用；拍卖方式和成交方式；拍卖标的物的转让应交的税费；其他应告知的事项。

由于拍卖标的物的范围相当广泛，因此在制定《拍卖特别规定》和编制《拍品目录》时对于一些须经权属变更登记的费用都应尽可能详细说明。

（三）操作过程

竞买人经过咨询和看样的过程后，为明确表示参加竞买的意愿，就必须进行竞买登记，这样才能成为真正意义上的竞买人。经交付保证金和领取竞价号牌后，按照公告规定的时间和地点参加拍卖会参与竞买，当拍卖师落槌表示成交后，在众多竞买人中就会产生买受人。竞买登记是竞买人表明身份，提供证件并表示竞买意愿的行为。拍卖人有权审核竞买人的资格，并且有权决定是否接受其竞买意愿。竞买登记一般应包括：竞买人的名称、住所、证件号码；竞买人简要情况（如经营范围等）；联系人、地址、电话；对哪类标的物有兴趣；保证金交付情况；开户银行、财产或资信情况等；提供证件正本或复印件（存档）。

一些拍品应限定竞买人是否具有经营资质，如烟草、酒类等，因此竞买人证明材料上的经营范围显得十分重要。

拍卖人向竞买人收取一定数量的竞买保证金，是为了保证拍卖的成功，防止竞买人不负责任地出价，维护委托人的利益。竞买人必须按照拍卖公告中规定的期限和数额支付拍卖保证金，逾期或未付足额保证金的竞买人都将被视为放弃竞买。拍卖结束后，买受人的保证金可转做部分价款，未成交的竞买人的保证金则如数退还给竞买人。只有一种情况保证金才能转作违约金，即竞买人经拍定已经成为买受人后而不愿支付价款时，其预付的保证金则转为违约金。违约金一部分用于支付拍卖的费用，另一部分作为委托人的赔偿金。

拍卖时拍卖人按拍卖公告规定的时间、地点组织拍卖会，具体步骤包括：登记接待、拍卖主持、拍卖师主拍、签单、财务结算等。

当竞买人成为买受人后，应与拍卖人签署《拍卖成交确认书》（以下简称“确认书”），“确认书”是买受人与拍卖人之间约定的再确认。“确认书”也是确定拍卖人和买受人权利、义务的一种买卖合同，具有法律约束力。“确认书”内容包括：

（1）买受人的号牌编号。

（2）买受标的物的编号、名称、数量、成交价格。

（3）成交手续费比例、金额及全部应付价款数额。

（4）拍卖人和买受人的签名。“确认书”必须经拍卖人和买受人签署后方能生效。

（四）结算和交付

拍卖的结算阶段应包括：买受人的结算、除买受人外其他竞买人的结算、拍卖标的物的转移、委托人的结算、拍卖人的核算以及拍卖资料的整理归档。

买受人在拍卖人规定的时间内支付全部的价款和拍卖手续费后，拍卖人才可将拍卖的标的物交给买受人，同时拍卖人亦提供票据给买受人；依标的物的情况不同，拍卖人还应协助买受人办理某些权属变更的手续，为买受人提供良好的售后服务。

拍卖人收到买受人的价款后，应及时与委托人进行结算，在扣除委托手续费后将剩余价款交付委托人。一般与委托人结算时使用的结算凭证应包括以下内容：

（1）委托合同、合同编号及日期；

（2）成交标的物的名称、数量及成交价格；

（3）成交标的物在拍卖操作过程中支出的费用；

（4）拍卖佣金；

（5）拍卖人必须给付的价款；

（6）对于有些标的物，拍卖人还应该要求委托人提供相关文件手续等，以利于买受人办理权属变更。

拍卖的结算除了买受人和委托人的结算外，拍卖人自身的结算（核算），也是极为重要的。拍卖人对于本次拍卖活动支出的费用，包括支出的税金，收入的手续费、佣金等，都应做好核算。

拍卖结束后，应总结每次拍卖的经验，整理拍卖笔录，按规定保存协议书、拍卖公告、《拍卖须知》、《拍卖特别规定》、《拍品目录》、确认书、拍卖笔录等拍卖资料，保存期限不得少于5年，同时将买受人的资料存档。

知识链接

拍卖术语

底价：底价是指委托人与拍卖行对某件拍品共同商定的最低出卖价格，也叫保留价。通常情况下，底价是保密的。

估价：估价是指拍卖行根据和委托人双方所定下的底价的基础上，再根据市场行情决定的价格。在拍品图录的每一幅作品下印有××～××元，即表明为估价。

起拍价：起拍价是指拍卖师在拍卖会上对某一件拍品所报的第一次价。起拍价一般低于估价。

落槌价：落槌价是指在拍卖现场，拍卖师根据竞拍人所出的价并经拍卖师落槌敲定的最高价，不含佣金。

成交价：成交价是指在落槌价的基础上，再加上拍卖行的佣金。

佣金：委托人和买受人根据成交价的金额，另需分别支付拍卖行约10%的费用，即为佣金。拍卖行靠委托人和买受人双方的佣金以维持开展拍卖业务。收取佣金是世界上各大拍卖行通行的惯例。但国外拍卖行和国内拍卖行所收取的佣金额有较大差距，像苏富比和佳士得拍卖行，所收取的佣金就远高于国内的拍卖行。

委托人：即对艺术品享有所有权或处分权的人，将其艺术品委托拍卖行拍卖，俗称“上家”。

买受人：即参加拍卖会并通过竞价争夺，最后购得拍卖物的人。

应计费用：是指拍卖行对保验、制作图录、包装运输、评估等酌情向委托人、买受人收取的费用。

知识链接

拍卖方式

1. 英格兰式拍卖又称增价拍卖，是指拍卖标的物的竞价由低向高依次递增直到以最高价（达到或超过底价）击锤成交的一种拍卖。增价拍卖是最古老并一直占统治地位的一个拍卖种类，在我国的拍卖活动中较为广泛采用。

2. 荷兰式拍卖又称减价拍卖，是指拍卖标的物的竞价由高到低依次递减直到第一个竞买人应价达到或超过底价时击锤成交的一种拍卖。

3. 有底价拍卖是指在拍卖前，委托人与拍卖机构双方经共同协商并以书面合同形式先行确定拍品的底价（也叫保留价），在拍卖时，凡竞买人所出的最高竞价达不到底价则不能成交。

4. 无底价拍卖是指在拍卖前，委托人与拍卖机构并不先行确定拍品的底价，在拍卖时只要产生最高应价，拍卖即可成交。

5. 密封递价拍卖又称投标拍卖，是指竞买人在规定的时间内将密封的标书递交拍卖人，由拍卖人在规先的时间公开开启，经比较后选择出价最高者成交。

6. 速胜式拍卖是增价拍卖的一种变体。拍卖标的物的竞价也是按照竞价阶梯由低到高依次递增，不同的是，当某个竞买人的出价大于或等于保留价时，拍卖结束，此竞买人成为买受人。

7. 定向拍卖是一种为特定的标的物而设计的拍卖方式，有意竞买者必须符合委托人所提出的相关条件，才可成为竞买人参与竞价。

第三节 邮轮摄影服务与管理

在邮轮上开展活动和岸上观光过程中，游客会看到邮轮摄影师的身影。当游客享受各类活动时，摄影师会用镜头捕捉各类精彩的瞬间，并将拍摄的照片制成电子相册或冲印出来，有些邮轮上的摄影店还会将这些照片制成有特色的纪念品。当摄影展廊开放时游客可以轻松浏览并找寻自己的照片或纪念品，并决定是否购买。在摄影店内，游客可享受肖像服务、打印照片、购买明信片和摄影配件等。此外，邮轮上的摄影店还提供邮政服务，为游客提供方便。目前，邮轮摄影活动已是邮轮旅游中一个重要的环节，邮轮摄影的艺术性和技巧性越来越受到关注，邮轮摄影师已渐渐成为邮轮上不可或缺的人员。

一、邮轮摄影分类

摄影是指使用某种专门设备进行影像记录的过程，一般我们使用机械照相机或者数码照相机进行摄影。邮轮摄影的主要服务对象为在邮轮上进行休闲娱乐活动的游客，从本质上来说，它与其他摄影艺术没有太大的区别。摄影一般分为静物摄影、人像摄影、纪实摄影、艺术摄影、画意摄影、商业摄影、水墨摄影和全息摄影等。静物摄影、人像摄影、纪实摄影和商业摄影是邮轮摄影中比较常见的方式。

（一）静物摄影

与人物摄影、景物摄影相对，静物摄影是以无生命、人为可自由移动或组合的物体为表现对象的摄影。它在真实反映被摄物体固有特征的基础上，经过创意构思并结合构图、光线、影调、色彩等摄影手段进行艺术创作，将拍摄对象表现成具有艺术美感的摄影作品。邮轮一路航行，途经之处皆是优美的自然风光和魅力独特的各种人文风情，这为静物摄影提供了丰富的素材。

（二）人像摄影

人像摄影以刻画与表现被摄者的具体相貌和神态为首要创作任务，要求人物相貌鲜明，形神兼备。目前，基本上每一个邮轮公司在游客登船和到达港口时都会为游客安排摄影留念环节。感兴趣的游客可以自行凭工作人员发放的号码去取相片，当然，这个项目是付费的。

（三）纪实摄影

纪实摄影是以记录生活现实为主要诉求的摄影方式，纪实摄影有记录和保存历史的价值。这种瞬间记录真实场景的功能是其他技术或艺术所无法比拟或取代的。在邮轮上，游客既可以凭海临风，也可以参加邮轮上的各种活动，这些都是可以记录的对象。在很多邮轮公司，摄影师会直接走入餐厅，拍下游客就餐时的场景，然后由游客自行到画廊寻找自己的身影，并付费获得照片。值得一提的是，在每一个航次都要举行的晚宴前和船长合影是很多游客期待的项目。

（四）商业摄影

商业摄影，是指作为商业用途而开展的摄影活动。它从狭义上讲是商业摄影，从广义上讲就是为发布商品等进行的摄影类型，这种类型在时下的摄影活动中是极为重要的一种。邮轮摄影本身就是一种商业行为。

二、摄影构图

摄影构图是从绘画艺术借用的名词，指画面的布局和结构安排。取景是摄影技术上的专有名词，包括摄影的画面、瞬间、光影的取舍。经典的表现形式、结构，是历代艺术家通过实战用科学的方法总结出来的经验，是审美实践的结晶。

优秀的摄影作品必须反映正确的思想、深刻的内涵，以及具有与内容统一的完美的表现形式。从哲学上讲，内容决定形式，形式表现内容，没有内容就没有形式；没有形式，内容也就无从表现。取景构图研究是表现内容的形式规律。一是突出主体，揭示主题思想；二是从主题思想出发，正确体现主体、陪体与环境的关系。

主体是主题思想的体现者，只有突出了主体才能揭示主题思想。主体、陪体与环境是突出和烘托的关系，既主题分明，又相互关联。一切造型手段，如画面格式的确定，空间位置的安排，光线、影调的处理，拍摄点的选择，不同视角的运用等，都要从内容的需要出发，尽可能地构成完美的表现形式，使照片产生更大的表现力、感染力和说服力，这就是构图的目的。

（一）几何分析 – 矩形法

这是一种简单的构图技巧，主要用于在矩形画面中设置对象位置或者划分空间。其原理是每一个矩形基于短边都包含两个隐含的正方形。正方形是一种简单而原始的几何形状，我们的大脑会自动找出这些正方形。在构图过程中，利用场景中的元素作为组成正方形所需要的线段，就本身而言会感觉形成了完整的正方形，如果经过精心设计则会使照片产生一种和谐感。

（二）三分法

三分法，也称作井字构图法，是一种在摄影、绘画、设计等艺术中经常使用的构图手段。其原理是可以把画面构图想象为从水平和垂直方向都进行三等分，之后所谓的关注点就位于形成九宫方格的直线上，或者是直线相交的交点上（即“三分交叉点”）。

（三）黄金分割法

这种构图手段有很多名称，如“黄金分割”“黄金比例”“黄金法则”“神圣比例”等，其来源基于人们的观察和经验，也就是平面或者线段根据某一特定的比例进行分割可能带来更多审美上的愉悦感与和谐感。我们可以将长度为 c 的线段分成两部分 a 和 b，而分割的依据就是 a : b 的比值与 b : c 的比值相等，这个比值大约是 1 : 1.618。

（四）对角线构图

对角线构图是引导线构图的一类，将画面中的线条沿对角线方向展布，便形成了对角线构图。沿对角线展布的线条可以是直线，也可以是曲线、折线或物体的边缘，只要整体延伸方向与画面对角线方向接近，就可以视为对角线构图。艺术家凭借直觉倾向于将一幅作品的每个 90° 角划分为两个相等的 45° 角，然后将细节内容置于等分线段上。在对角线构图中，线所形成的对角关系，使画面产生了极强的动态，表现出纵深的效果。在摄影画面构图中，除明显的斜线外，还有人视觉感应的斜线，表现为形态的形状、影调、光线等视觉抽象线。因此，对对角线的把握是摄影构图运用线的关键。如构图时把一串风筝放在对角线上，同时整个画面倾斜，便使画面变得有活力，让观看者可以想象出仰望着风筝飞舞的情景。这是一种仰视的对角线构图。在实际应用中，由于客观条件的限制，我们使用的更多是标准对角线构图的一些变式，可以称为近对角线构图。

（五）不规则线构图法

不规则线本身存在着多样的属性，如杂乱、抽象、理性、神秘等。单一的不规则线还存在着视觉指引性，如果运用得当会产生奇特的画面效果。如果将不规则线充满整个画面，再把简洁的主体形态安排在画面适当的位置上，则可出现强烈的对比效果，会呈现出抽象的、神秘的画面气氛。

三、邮轮拍摄技巧

(一) 婚礼摄影技巧

越来越多的游客选择在游轮上举行一场浪漫的邮轮婚礼，碧海蓝天，海风微微地吹拂着，在亲朋好友的见证下，享受一场浪漫的婚礼是多么幸福！摄影师要善于捕捉精彩镜头，下面是一些婚礼拍摄的技巧。

（1）技巧一：前期准备充分。

在婚礼的前一天，摄影师应检查所有的装备，确保相机电池已充满电、存储卡已经格式化并留有足够的空间、镜头已清洁，并且闪光灯和相机都运行正常。最好写一个清单，确保在包中放入了所需的所有装备。摄影师还应该提前到达现场看一下婚礼现场布置，这样就可以熟悉婚礼的地点及照明情况。

（2）技巧二：瞬间的抓拍力量。

和婚纱照等很多摄影模式不同，婚礼跟拍面对的几乎都是稍纵即逝的画面，很多时候不能甚至根本无法让被摄者“再来一次”。对于这一点，摄影师要有一定的预见性。

（3）技巧三：幸福细节的表现。

表现细节最重要的诀窍就是准确的曝光。在拍摄婚礼现场细节的时候尽量做到不要让画面发生过度曝光，有时候还必须进行一定的取舍。摄影师可以通过较大的光圈把周围的背景进行虚化，以实现对细节主体的突出，这样就可以获得一张满意的照片了。

（4）技巧四：烘托气氛的小景致。

传达婚礼气氛的东西有很多，除了新郎、新娘以外，不要放过其他的小景致：可以是一束捧花，也可以是一个“喜”字，还可以是一对茶盏，等等。除了物品之外，摄影师还可以用其他镜头来表现所有传递幸福的人物——新娘家人的笑脸、朋友的欢乐、小孩的顽皮、旁观者的好奇等。

（5）技巧五：灵感与创意的结合。

婚礼拍摄除了把握好瞬间以外，在新人需要拍摄外景等摆拍片的时候，摄影师也要能拍出有创意的照片。摄影师可以将所能想到的技巧——慢速快门、创意闪光、连拍合成等都加以运用。

（二）运动摄影

运动摄影，即在一个镜头中通过移动摄像机机位，或者改变镜头光轴，或者变化镜头焦距所进行的拍摄。通过这种拍摄方式所拍到的面面，称为运动画面。

邮轮是一个集休闲、健身、娱乐于一体的场所，邮轮上室内和户外的休闲娱乐健身项目众多，以下介绍几种运动摄影的实用技巧。

（1）技巧一：选择合适的拍摄位置。

对运动拍摄者来说，拍摄位置至关重要，它直接影响照片的质量和效果。在选择拍摄位置时，要寻找那些动作高潮经常出现的地方和一定能出现的地方，如篮球的投篮点、篮板下，足球的射门点、禁区内，跨栏跑的栏架上方等，这些都是表现项目特点和运动高潮的最佳点。

（2）技巧二：机身、镜头的选择。

运动摄影或许是摄影领域中难度最大、不可测因素最多的，为此，从事运动摄影的摄影师所配备的机器不仅像素要高，还要有精准的对焦和高速连拍功能，还须配备从超广角到超长焦的所有镜头以及主导速度的数码单反机身。

（3）技巧三：选用独脚架。

运动摄影在拍摄时既要机动灵活，又要稳定，所以独脚架是摄影师的必备工具。

（4）技巧四：选用正确的拍摄模式——快门优先模式。

对于运动摄影来说，快门速度是最重要的。光线条件较差的情况下，将感光度设定为可接受的最大值，并将快门设定在高速状态，相机会根据曝光自动调节光圈，从而确保影像清晰。快门优先模式还可以用慢速快门拍出特殊效果，这是其他模式没有的优势。仅使用高速快门拍摄难免稍显单调，这时不妨换用慢速快门来拍摄有动感的画面。比较适合使用慢速快门追拍的项目有短跑、自行车、赛车等，有身体接触的球类运动因为速度变化无常，不太适合此技巧。

（5）技巧五：使用自动感光度功能。

使用自动感光度功能，可以在自定最合适的光圈及快门条件下，自动选择最合适的感光度，获得最佳画质。这一细微区别在关键时刻也许就会影响成像品质。

（6）技巧六：选择正确的对焦模式。

拍摄运动物体须使用人工智能自动对焦模式。拍摄时拍摄者必须集中注意力，时刻追踪主体并半按快门维持对焦。事件发生时则以连拍捕捉完整事件，以确保最高拍摄成功概率。

（7）技巧七：预测。

摄影者的一个重要技能，就是对即将到来的场景进行预测，把握一定的提前量，在精彩瞬间发生前的一刹那按下快门。

第四节　邮轮花艺活动服务与管理

一、插花基础知识

（一）插花的概念

插花，即指将剪切下来的植物的枝、叶、花、果作为素材，经过一定的技术（修剪、整枝、弯曲等）和艺术（构思、造型、设色等）加工，重新配置成一件精制、富有诗情画意，能再现大自然美和生活美的花卉作品的艺术形式。插花艺术的起源应归于人们对花卉的热爱，通过对花卉的定格，表达一种意境来体验生命的真实与灿烂。

插花是一门艺术，同盆景、雕塑一样，也属于造型艺术的范畴。插花具有装饰性、知识性和趣味性。插花艺术使植物的枝、叶、花、果等经过一定的修剪、整枝和艺术加工，成为一件精致美丽的艺术品，给人带来喜悦与欢乐。人们可以通过插花提高自身的修养，提高生活的品质。

（二）插花的色彩搭配原则

色彩搭配在插花艺术中有着至关重要的作用，要欣赏和创作插花作品，色彩学常识是必备的知识。

1. 色彩的形成

色彩是通过眼、脑和我们的生活经验所产生的对光的视觉效应。太阳光是地球上最主要的标准光源，它是由不同波长的色光组成的。

一般来说，人们将可见的色光分为七种颜色：红、橙、黄、绿、蓝、靛、紫。任何物体的颜色都是其对光的吸收和反射的效果。由于物体对光的吸收和反射状况不同，物体呈现出来的色彩也会有所区别。

2. 色彩对人心理的影响

（1）色彩的冷暖感。色彩本身并无冷暖的温度差别，是视觉色彩引起人们对冷暖感觉的心理联想。人们见到红、红橙、橙、黄橙、红紫等颜色后，会马上联想到太阳、火焰、热血等物像，产生温暖、热烈、危险等感觉，这些颜色被称为暖色；反之，人们见到蓝、蓝紫、蓝绿等颜色后，则很容易联想到天空、冰雪、海洋等物像，产生寒冷、理智、平静等感觉，这些颜色被称为冷色。色彩的冷暖感在艺术创作中的应用非常广泛，喜庆的场合选用暖色系颜色能够营造热情、愉快的气氛，在葬礼上使用冷色系颜色能够烘托肃穆、庄重的气氛。

（2）色彩的轻重感。色彩的轻重感与色彩的明度有关。明度高的色彩使人联想到蓝天、白云、彩霞，让人产生轻柔、飘浮、上升、敏捷、灵活等感觉。明度低的色彩易使人联想到石头、土壤等物品，让人产生沉重、稳定等感觉。

（3）色彩的软硬感。色彩的软硬感主要来自色彩的明度，但同时与纯度也有一定的关系。明度高，使人觉得软；明度低，则感觉硬。明度高的色彩有软感，中纯度的色彩也呈柔感，因为它们易使人联想起骆驼、狐狸等动物的皮毛，还有毛呢、绒织物等。高纯度和低纯度的色彩都呈硬感，如果它们明度低则硬感更明显。色相与色彩的软、硬感几乎无关。

（4）色彩的前后感。各种不同波长的色彩在人眼视网膜上的成像有前后之分，红、橙等光波长的色在内层成像，感觉比较迫近，蓝、紫等光波短的色则在外侧成像，在同样距离内感觉就比较后退。实际上这是视错觉的一种现象，一般色、纯色、高明度色、强对比色、大面积色、集中色等有前进感觉；相反，冷色、浊色、低明度色、弱对比色、小面积色、分散色等有后退感觉。

（5）色彩的大小感。由于色彩有前后的感觉，因此暖色、高明度色等有扩大、膨胀之感；冷色、低明度色等有变小、收缩之感。

（6）色彩的华丽与质朴感。明度高、纯度高的色彩，丰富、强对比的色彩感觉华丽、辉煌；明度低、纯度低的色彩感觉单纯，弱对比的色彩感觉质朴、古雅。但无论何种色彩，如果带上光泽，都能获得华丽的效果。

（7）色彩的活泼与庄重感。暖色、高纯度色、丰富多彩色、强对比色使人感觉跳跃、活泼、有朝气；冷色、低纯度色、低明度色让人感觉庄重、严肃。

3. 色彩设计与常见的花色组合

插花过程中，花的色彩搭配实质上是处理不同花色之间的协调与对比、多样与统一的关系问题，因此插花的色彩设计应遵循以下 4 个原则：

原则 1：每件作品中，花色相配不宜过多，否则容易使人产生眼花缭乱之感，一般以 1 ～ 3 种花色相配为宜。

原则 2：选用多色花材搭配时，一定要有主次之分，确定一个主色调，切忌各色平均使用。

原则 3：除特殊需要外，一般花色搭配不宜使用对比强烈的颜色。如红、黄、蓝三基色，各自的明度、纯度都很高，配在一起，虽很鲜艳、明亮，但容易刺眼，应当在它们之间穿插一些复色的花材或绿叶，以起到缓冲作用。

原则 4：不同花色相邻之间应互有穿插与呼应，以免显得孤立和生硬。

花色搭配最重要的一点是以色彩相和为佳，具体搭配应根据插花的使用目的、环境的要求以及花材、容器的条件酌情组合。常见的花色组合方式有单色组合、类似色组合和互补色组合。

单色组合：用一种花色构图，用同一明度或不同明度（浓、淡）的单色相配。

如现代西方婚礼喜用白色新娘捧花搭配白色婚纱，极富纯洁高雅之趣。

类似色组合：用色环上相邻色彩（即色环上任何 90° 夹角内三角组合）的花色进行组合构图。由于它们在色相、明度、纯度上都比较接近，互有过渡和联系，因此组合在一起容易协调，显得柔和典雅，适宜在书房、卧室、病房等安静的环境中摆放。

互补色组合：用色环上两对应之色彩的花色进行组合构图，即互补色组合。如红与绿、黄与紫、橙与蓝，都是极具强烈刺激性的互补色，它们相配容易产生明快、活泼、热烈的效果。此种组合，西方古典插花中最为常用，礼仪插花也常使用。

（三）花材的选择与寓意

花材的种类很多，有木本、草本及藤本等，按照形状可以分为线状花材、团块状花材、散状花材等。花材的选择需要根据插花的主题、季节而定，不同花材搭配能够创作出不同视觉效果的作品。

线状花材是构成造型轮廓和基本构架的主要材料，常用的花材有剑兰、银柳、梅花、蝴蝶兰、蕙兰、桔梗、灯笼花等。

团块状花材呈团块状，此类花材色彩鲜艳、花容美丽，既可以与线状花材配合使用，也可以单独使用，如玫瑰、月季、康乃馨、菊花、百合、牡丹、绣球花、君子兰、睡莲等。

散状花材较细小，可以在大花之间起到补充、搭配、调和色彩、增强层次感的作用，如满天星、情人草、勿忘我、小苍兰、小百合等。

衬叶常起到填补插花之间的空隙、盖花泥的作用，常见的花材有棕竹叶、龟背竹叶、文竹叶、苏铁叶、蜈蚣草等。

不同的花材代表不同的含义，不同节日和用途的插花需要选择不同的花材。人们在长期的生活中赋予了花材不同的意义，形成了寓意与花语，用此来表达自身的情感与意愿。如红玫瑰代表爱情，兰花象征着高洁，在清明节祭祖扫墓时可以使用菊花与柳枝。插花创作需要掌握关于花的常识，熟悉不同花材的寓意。

（四）常用插花工具与花器

1. 常用插花工具

花的造型艺术离不开各种基本的工具。合理地选择和使用工具可以延长花期，同时反映出设计者的艺术修养和技术水平。下面介绍最基本和最常用的工具。

黏性胶带：材质有纸和塑料两种，一般用来包在铁丝的外面，特别是经过加工后的花材为了防止脱水而更需要使用。它的颜色有许多，可根据花卉颜色和设计目的选用。

铁丝（或铜丝）：固定或保持花枝的形态、人工性地弯曲加工时需要用到铁丝。铁丝的种类很多，而且有不同的型号，设计者可根据设计意图来选用。

花剪与花刀：花剪、花刀是剪切花茎、枝条最主要的工具，可以根据修剪的花材不同，有选择地使用。一般而言，修剪一些有韧性的枝条时用花剪，修剪鲜花的长短时用花刀，因为花刀的切面较平缓，有利于保鲜。

花泥：花泥是用来固定花材、吸水性很强的化学制品。其保水性好，使用方法简单。花泥分为鲜花泥和干花泥两种。干花泥一般是茶色的，而鲜花泥是绿色的。花泥有各式各样的形状，可根据花型选定。干花泥针对干花设计，不能吸入水分。鲜花泥需要浸透水分后才能使用，浸水时要尽量使花泥自然吸水，不要施加任何压力，否则会造成外湿内干的状况，直接影响花材的吸水效力。

2. 常用插花花器

花器是花型设计的必需品。它的种类很多，包括陶瓷、玻璃、藤、竹、草、金属等材质，在形态上有很多可供选择。花器要根据设计的目的、用途、使用的花材等进行合理选择。

玻璃花器：玻璃花器的魅力在于它的透明感和闪耀的光泽。表面绘有图案的彩色玻璃器皿，能够很好地映衬出花的美丽。

塑料花器：塑料花器是比较经济的道具，价格便宜、轻便且色彩丰富、造型多样、用途广泛。

陶瓷花器：陶瓷花器是花型设计中最常见的道具。其式样众多，中式、日式、西式各有千秋，且能突出民族风情和各自的文化艺术。

藤、竹、草编花器：藤、竹、草编花器形式多种多样，因为采用自然的植物素材，可以体现出原野风情。藤、竹、草编花器比较适宜无造作的自然造型。

金属花器：金属花器由铜、铁、锡等金属材质制成，既给人以庄重肃穆的感觉，也能反映出不同历史时代的艺术发展。在东西方的插花艺术中，金属花器都是必不可少的道具。

素烧陶器：在回归大自然的潮流中，素烧陶器以自身的自然风味，能使整个插花作品显得朴素典雅，散发出独特魅力。

二、插花的基础造型

插花的造型是指占有一定空间、利用花材构成形象的艺术作品，主要分为西方式插花、东方式插花与现代式插花三类。

（一）西方式插花

西方式插花的艺术风格特点是用花数量多、种类多，整体端庄，构图上多对称均衡，主要以美国、法国、荷兰等国家为代表。

（二）东方式插花

东方式插花则更注重线条感，使用花枝的数量并不多，用色淡雅，一般只用 2 ～ 3 种花色，形式上追求线条、构图的完美与变化，多采用青枝绿叶，着重于天然姿态美，以幽雅见长，简洁大方。

（三）现代式插花

现代式插花吸收了东西方插花艺术的特点，既有优美的线条，又有艳丽、丰富的色彩和规则的图案。由于糅合了现代意识，插花作品体现了现代审美情趣，作品造型不受局限，富有视觉刺激和冲击效果。

三、插花的制作技巧

（一）花材的基本加工与处理

新买回来的花材在制作插花作品前，都必须经过基本加工与处理才能使用。首先，需要对花材进行整理，去掉花卉的残枝败叶，将草本类与木本类的花材分开、长的与短的花材分开。

剪切：按照不同式样进行长短剪裁，根据构图的需要进行处理。为了延长水养时间，适合水中剪取。

加长：如果选用的花材长度不够，可以使用剑筒（由金属或塑料制成，呈圆锥状漏斗形）加长拉丝；一些衬叶可以使用拉丝方法，将叶片纵向划开，撕裂成拉丝状。

（二）花材固定的技巧

制作插花的过程中需要对花材进行固定，可以使用花泥、剑山、花瓶、沙土、藤条等。下面介绍几种常用的固定材料使用技巧。

1. 花泥的使用技巧

使用花泥之前需要将花泥完全浸泡在水中，等待花泥自然吸水后沉入水底（不能强行压花泥），方可使用。花泥作为插花作品的基础，其用量要根据插花作品而定。此外，花泥的高度不能太低，否则会出现花材插散的情况。花泥的形状要与花器相配，也有直接使用花泥而不使用花器的。为了美观和防止水分蒸发，可以用塑料包装纸包裹花泥。

2. 剑山的使用技巧

剑山是我国插花创作者经常使用的固定花器，适合放在不同的容器中。使用时只需将花材垂直插在剑山上，就能起到固定作用。剑山是将铜针固定在铅块上制成的，固定花材的效果十分理想，不仅可以反复使用，还易于清洁，使用十分方便，深受插花创作者的青睐。

3. 花瓶的使用技巧

我国自古就有使用花瓶插花的习惯，不同材质、形状的花瓶本身就具有非常强的观赏性。插花创作可以选择适合主题的花瓶，使用也非常方便，如果瓶口较小只需将花材放入瓶中即可；如果瓶口较大或需要花材在花瓶中造型，也只需要经过简单的技巧处理即可。具体方法是用铁丝将适当长度的枝、棍等固定成网格状放入瓶口，这样可以起到花材固定、造型的作用。

（三）花材美化的技巧

为了让插花作品生动自然和保持重心平衡，并且符合现代审美意识，需要对花材进行一定的美化，要求插花作品高低错落、疏密有致、虚实结合、俯仰呼应、上轻下重、上散下聚等。

（1）高低错落：花材设计应有立体空间构成表现，要求在多维空间内用点、线、面等造型要素进行层次的区分，上下、左右、前后层次分明而又趋向统一，力求避免主要花朵在同一水平线或同一垂直线上。

（2）疏密有致：花材在安排中应有疏有密、自然变化。一般在作品重心处要密，远离作品重心处要疏。作品中要留有空白，有疏密对比，不要全部插满。

（3）虚实结合：主要是指视觉可视之处，有形之景为实；思维想象之处，无形之境为虚。花为实，叶为虚；有花无叶欠陪衬，有叶无花缺实体；盛花为实，花苞为虚；中心花为实，藤为虚；正面花为实，侧背花为虚；块状花为实，细碎花为虚；面状叶为实，线状叶为虚等。绘画中的留白即是实中留虚的处理手法，应用于插花使人产生空灵玄妙之感，也可以此增强疏密对比。

（4）俯仰呼应：无论是单体作品还是组合作品，都应该表现出整体性和均衡感。花材应围绕重心顾盼呼应，把观者视线引向重心，产生稳定感。

（5）上轻下重：花材本无轻重之分，只是因质地、形态和色彩上的差异造成人在心理上的轻重感不同。一般形态小、质地轻、色彩淡的在上或外；反之要插在重心附近，使作品保持重心平稳。如盛开花在上，下面插成花苞丛；浅色花在上，下面可插成深色花丛，以达到作品重心平衡。

（6）上散下聚：指上部分散、下部聚拢，使作品既有个性又似为同根生。

四、插花作品的赏鉴

怎样欣赏插花艺术的美，怎样品评插花作品的优劣，如同对其他艺术的欣赏、品评一样，都是十分复杂的问题。从美学的角度上看，这一审美活动不仅与审美对象（即插花作品）有关，而且与审美主体（即赏花人）的审美能力及文化艺术修养有更密切的关系，同时也深受一定时代的社会审美意识、民族审美情趣的影响。东方插花艺术重意境美，而西方插花艺术重色彩美，各有侧重，应视不同流派、不同风格而具体灵活掌握。插花艺术作品可以从整体效果、构图造型、主题表现、色彩效果、技巧运用等几个方面来鉴赏。

（1）整体效果：插花作品的直观性、可视性都很强，而在视觉审美上首先给人以强烈印象与感受的是作品的整体效果，也就是说第一眼的视觉效果常常能看出作品整体形象（形体）的优劣。这包括作品的造型尺寸是否合理稳定，花材组合、容器的搭配等是否合理优美，整体色彩是否和谐，等等。这些方面的综合状况构成了作品的整体效果。它们常常会引发评论者的关注，进而将其作为评定作品优劣的首要依据。

（2）构图造型：这是形式美的主要标志之一，包括造型是否优美生动、别致新颖，是否符合构图原理，花材组合是否得体，各种技巧运用是否合理娴熟（如稳定感、层次感、节奏感等）。

（3）主题表现：这是构成作品思想美、意境美的重要标志，也常常是作品是否有创意、内容题材是否新颖、命题是否贴切、意境是否深远的重要体现。特别是在东方式插花艺术作品中，主题被视为作品的灵魂。

（4）色彩效果：主要看整体色彩的搭配，即花材之间的色彩搭配、花材与容器之间的色彩搭配，以及作品与周围环境色彩的关系。插花设计无论是华丽多彩还是浅淡素雅，均以和谐为标准。

（5）技巧运用：主要看花材的剪裁、捆绑、包扎、固定与花泥的掩盖是否处理得干净利落，以及运用技巧操作的熟练程度。

第五节 邮轮主题娱乐活动服务与管理

一、邮轮主题娱乐活动的类型

（一）娱乐表演类

娱乐表演类包括音乐剧、杂技、相声、魔术等，一般是在邮轮上的剧院或露天舞台上进行。邮轮上的剧院是各类艺术表演类主题活动进行的重要场所，如大型音乐剧演出、歌舞表演等。

1. 魔术

魔术是灵活运用光、声、电、心理等多种科学原理，用奇特的艺术构思，制造种种离奇巧妙现象的表演。邮轮魔术表演是一种综合的舞台艺术，魔术的完美呈现是魔术师准确操纵现场以及掌控观众心理的结果。魔术师常常利用转移注意力、灯光效果以及观众的错觉等来制作舞台效果，为游客呈现精妙绝伦的魔术表演。

2. 音乐剧

音乐剧是将音乐（声乐与器乐）、戏剧（剧本与表演）、文学（诗歌）、舞蹈（民间舞与芭蕾）等融为一体的综合性艺术，通常由咏叹调、宣叙调、重唱、合唱、序曲、间奏曲、舞蹈场面等组成，有时也用说白和朗诵。

百老汇上演的是比较高雅的音乐剧、歌剧，表演内容以经典剧目为主，演员的表演服从剧情需要，以群体的肢体语言和出色的音乐吟唱来表现晚会主题。百老汇歌舞艺术的特点是通俗易懂、娱乐性强，舞台布景富丽堂皇，加上各种现代化的科技手段，配合声响、灯光，具有很强的观赏性和娱乐性。

欧美邮轮对百老汇式音乐剧表演十分热衷，并将其作为每晚大剧院的压轴秀。各大邮轮的娱乐团队已经将不少百老汇知名剧目搬上了邮轮，并且这些“大秀”都是不再另收费用的，如海洋绿洲号上的《猫》、海洋量子号上的《妈妈咪呀》。迪士尼邮轮在娱乐方面有着先天的优势，一家老少都可以享受阿拉丁神灯、米老鼠系列等经典音乐剧。

3. 相声

相声，古作“象声”，原指模拟别人，以说笑话或滑稽问答引起观众发笑的曲艺形式。经华北地区民间说唱曲艺进一步演化发展，并融入了由模拟口技等曲艺形式而形成，一般认为于清咸丰、同治年间形成。至民国初年，相声逐渐从一个人模拟口技发展为单口笑话，名称随之转变为相声。

相声形成过程中广泛吸取口技、说书等艺术之长，寓庄于谐，以讽刺笑料表现真善美，以引人发笑为艺术特点，以“说、学、逗、唱”为主要艺术手段。

4. 杂技

杂技，“杂”指多样，“技”指技艺，即“各种技艺”的意思，是包括各种体能和技巧的表演艺术。杂技学术界认为中国最早的杂技节目是《飞去来器》。“飞去来器”是用硬木片削制成的十字形猎具，原始部落的猎手们常用这种旋转前进的武器打击飞禽走兽。在不断抛掷中，猎手们发现这种十字形猎具在风力的影响下，能够回旋“来去”，于是它就成了原始部落的氏族盛会中表演的节目。杂技艺术中的很多节目是生活技能和劳动技术、武术技巧的提炼和艺术化。

5. 模仿秀

模仿，就是照某种现成的样子学着做。模仿的内容包括声音、样貌、风格等方面。秀，实际就是表演的意思，多用于节目中，如“脱口秀”“服装秀”“T 台秀”等。社会学家、民俗学家艾君先生认为，模仿秀就是模仿表演，即表演者利用自身的优势，通过一些举止、声音、表情等来模仿特定人物的表演行为，或通过造型、化妆等方式来包装自己的相貌以达到貌像的模仿艺术行为。

6. 催眠秀

催眠术主要有两方面的应用：一方面用于催眠治疗，解决一些个人的情绪心理问题、不良习惯等，从事这方面工作的人被称为催眠治疗师。另一方面的应用是娱乐方面，也就是催眠秀表演，从事这方面工作的人被称为舞台催眠师或娱乐催眠师。催眠秀表演并不是由催眠师自己来表演，而是催眠师在现场的观众中找出那些比较容易进入催眠状态的，到台上进行深度的催眠体验。

催眠秀表演的流程：一般专业的催眠秀表演时间在 90 ～ 120 分钟，首先是催眠师对台下观众进行催眠基本知识的介绍，消除常见的误解；其次，催眠师对所有的观众进行催眠感受度的测试，基本上会有十分之一的人第一次催眠就可以进入很深的催眠状态，催眠师的测试是在观众中发掘这部分人；再次，催眠师会邀请对催眠感受度较高的人来到台上进行进一步的催眠引导，在引导达到一定深度以后（即适合进行表演的程度）就开始催眠表演，如喝水找不到嘴之类的；最后，消除暗示，催眠秀表演快要结束前催眠师需要将之前给催眠对象的暗示移除掉，让催眠对象恢复到正常的意识状态。基本上到这里整个催眠秀表演就结束了。

催眠秀表演对环境的要求：很多人认为催眠需要很安静的环境，不能有打扰，其实对于催眠治疗来说环境安静有利于催眠对象更专注。而催眠秀表演则不需要绝对的安静，一般表演用的剧场、会议室，甚至是人来人往的露天的环境都可以，在催眠引导过程中，被催眠对象只要能够听清催眠师的语言引导即可。

7. 脱口秀

“脱口秀”是从英语词组 Talk Show（口才展示）音译过来的。

脱口秀是常见的电视节目，指一种观众聚集在一起讨论主持人提出的话题的广播或电视节目。一般脱口秀都有一列嘉宾席，通常由有学问的或者对特定问题有特殊经验的人组成。

（二）手工益智类

手工益智类包括折纸、口布折叠、荧光画、油画、扎气球、数独等，一般是在比较安静的场所进行。

1. 折纸

折纸是一种将纸张折成各种不同形状的作品的艺术活动，常见的折纸形状有爱心、千纸鹤、信封等。

2. 口布折叠

口布又叫餐巾，是一种在正规筵席上用于保洁的方巾。常见的口布形状有帆船、蜡烛、花等。

3. 荧光画

荧光画是一种使用荧光颜料或荧光染料制作的绘画作品。它的发展历史可以追溯到 20 世纪初期。20 世纪 60 年代，荧光画开始成为一种流行的艺术形式。这个时期的艺术家们开始使用荧光颜料制作大型的壁画和装置艺术作品。荧光画还出现在音乐会和舞蹈表演中，成为当时流行文化的一部分。随着科技的进步，荧光颜料的质量和种类不断提高。现在，荧光画已经成为一个独立的艺术形式，有许多艺术家专门从事荧光画的创作。

4. 油画

油画的前身是 15 世纪以前欧洲绘画中的蛋彩画，后经尼德兰画家扬·凡·艾克（Jan Van Eyck）对绘画材料等加以改良后发扬光大。近代油画多用亚麻子油调和颜料，在经过处理的布或木板上作画，因为油画颜料干后不变色，多种颜色可调和，画家可以画出丰富、逼真的色彩。油画颜料不透明，覆盖力强，所以绘画时可以由深到浅，逐层覆盖，使绘画产生立体感。

5. 扎气球

在 20 世纪初，扎气球成为一种流行的游戏，人们开始在气球上涂鸦或写字，或者在气球内部放置小礼物或糖果。现在，扎气球已经成为一种广泛应用于各种场合的娱乐活动，如生日派对、婚礼、节日庆祝活动等。常用的气球造型有花、小狗、棒棒糖等。

气球玩具制作

6. 数独

数独是一种逻辑性的数字填充游戏，玩家须将数字填进每一格，使每行、每列和每个宫（即 3×3 的大格）有 1 ～ 9 的数字。游戏设计者会提供一部分的数字，使谜题只有一个答案。一个已解答的数独其实是一种受限制的拉丁方阵，因为同一个数字不能在同一行、列或宫中出现多于一次。

（三）主题节庆类活动

春节：中国农历新年，俗称“新春”“新岁”“岁旦”等，又称“过年”“过大年”，是集除旧布新、拜神祭祖、祈福辟邪、亲朋团圆、欢庆娱乐和饮食为一体的民俗大节。春节历史悠久，起源于早期人类的原始信仰与自然崇拜，由上古时代岁首祈岁祭祀演变而来。春节蕴含着深邃的文化内涵，在传承发展中承载了丰厚的历史文化底蕴。在春节期间，全世界华人均会举行各种庆贺新春的活动，带有浓郁的地方特色。

元宵节：又称上元节、小正月、元夕或灯节，时间为每年农历正月十五。元宵节是中国的传统节日之一。元宵节主要有赏花灯、吃元宵、猜灯谜、放烟花等一系列传统民俗活动。此外，不少地方元宵节还增加了游龙灯、舞狮子、踩高跷、划旱船、扭秧歌、打太平鼓等传统民俗表演。

中秋节：又称祭月节、月光诞、月夕、秋节、仲秋节、拜月节、月娘节、月亮节、团圆节等，是中国民间传统节日。中秋节源自对天象的崇拜，由上古时代秋夕祭月演变而来。中秋节自古便有祭月、赏月、吃月饼、看花灯、赏桂花、饮桂花酒等民俗，流传至今，经久不息。最初“祭月节”的节期是在干支历二十四节气“秋分”这天，后来才调至农历八月十五日。中秋节与春节、清明节、端午节并称为中国四大传统节日。受中华文化的影响，中秋节也是东亚和东南亚一些国家尤其是当地的华人华侨的传统节日。

（四）主题派对类活动

邮轮休闲娱乐服务基本舞蹈

主题派对是邮轮上非常受欢迎的一种娱乐活动。邮轮公司会根据不同的季节、节日、主题等策划不同的主题派对，让游客在轻松愉悦的氛围中享受邮轮之旅。

主题派对的类型包括：

（1）舞蹈派对：邮轮上的夜总会或露天舞池会举办各种舞蹈派对，包括欧洲舞蹈、拉丁舞、街舞、华尔兹等，让游客尽情跳舞。

常见的舞蹈种类有 Salsa、Chacha（恰恰）、Bachata 等。

Salsa：起源于20世纪50年代的古巴，是一种混合了古巴传统音乐和拉丁爵士音乐的舞蹈。它的流行始于20世纪70年代，当时美国的拉丁裔移民将它带到了美国。在美国，Salsa不仅成为一种舞蹈，也成为一种音乐风格。

Chacha：恰恰是拉丁舞中的新秀，这种舞在20世纪50年代初期的美国舞厅首次出现，从一种名叫曼波舞的舞蹈发展而来。

Bachata：起源于多米尼加共和国，是一种流行的音乐和舞蹈风格。它起源于20世纪60年代，是多米尼加共和国民间音乐和舞蹈的一种混合体，包括古巴音乐、非洲音乐和西班牙音乐元素。

（2）海盗派对：游客可以穿上海盗服装，参加邮轮上的海盗主题的游戏和活动。

（3）海滩派对：在邮轮的露天泳池边举办海滩派对，游客可以穿上泳衣，享受阳光和海浪。

（4）白色派对：邮轮上的白色派对是一种非常浪漫和优雅的派对，游客需要穿上白色的服装，参加各种活动和游戏。

（5）花园派对：邮轮上的花园派对是一种非常温馨和浪漫的派对，游客可以在花园里享受美食、音乐和舞蹈。

（6）怀旧派对：是对20世纪七八十年代服化道具的沿用和致敬，游客可以以20世纪的装扮来参加主题派对和游戏。

邮轮公司为了让游客在主题派对中获得更好的体验，会在场地布置、音乐、灯光、美食等方面下功夫，让游客感受到非常独特和难忘的派对氛围。

（五）主题游戏娱乐活动

（1）逃脱游戏：参与者需要在规定的时间内从一个房间或场景中逃脱，通过解谜和寻找线索来完成任务。

（2）体验式游戏：参与者需要穿上虚拟现实设备，体验不同的场景和游戏世界。

（3）战略游戏：参与者需要在一个虚拟的战场中进行战斗和策略规划，通过掌握资源和军事优势来获得胜利。

（4）实景演出游戏：参与者需要观看一场实景演出，通过互动和解谜来推动剧情发展。

（5）体验式餐饮游戏：参与者需要在一个主题餐厅中享用美食，同时体验不同的娱乐活动和游戏。

（6）体验式电影游戏：参与者需要观看一部主题电影，同时通过互动和解谜来推动剧情发展。

二、邮轮主题娱乐活动的策划

邮轮主题娱乐活动的策划步骤如下：

（1）确定主题：首先需要确定活动主题，如海盗、海洋、文化、音乐、食品等。主题应该与邮轮的航线和目标市场相匹配。

（2）制订活动计划：制订主题活动的详细计划，包括时间表、活动内容、负责人、预算、场地等，确保活动能够顺利进行和达到预期效果。

（3）选择娱乐节目：根据主题选择相应的娱乐节目，如音乐演出、魔术表演、舞蹈表演、讲座、游戏等。确保节目内容与主题相符合，同时满足不同年龄和文化背景的游客需求。

（4）策划船上活动：除了娱乐节目，还应该考虑其他船上活动，如海上运动、瑜伽、SPA、美食品尝、文化体验等。这些活动可以提高游客的参与度和船上的娱乐体验。

（5）制订营销计划：制订有效的营销计划，包括广告、促销、社交媒体宣传等，吸引更多的游客参与主题活动，提高邮轮的知名度和市场份额。

（6）评估和调整：在主题活动结束后，需要对活动进行评估和调整，以确定哪些活动受到了游客的欢迎，以及哪些地方需要改进。

三、邮轮主题娱乐活动的服务管理

邮轮主题娱乐活动的服务管理包括以下方面：

（1）策划与设计：根据邮轮的特点和游客需求，策划和设计主题娱乐活动，包括演出、游戏、晚会、餐饮等，确保活动的独特性和吸引力。

（2）营销与推广：通过各种渠道宣传活动，包括邮轮内部宣传、社交媒体、广告等，吸引更多的游客参与。

（3）活动执行：安排活动的执行流程，协调各项资源，确保活动的顺利进行，包括音响、灯光、舞台、演员、服务员等。

（4）客户服务：提供优质的客户服务，包括指引、解答问题、提供帮助等，确保游客满意。

（5）风险管理：预防和处理可能出现的突发事件，确保游客的安全和健康。

（6）数据统计与分析：收集活动数据，进行分析和总结，为下一次活动的改进提供参考。

（7）团队管理：管理团队成员，确保他们有足够的培训和资源支持，以提供高质量的服务。

通过以上服务管理，邮轮主题娱乐活动可以更好地吸引游客，提高客户满意度，增加邮轮的收益。

CARNIVAL MAGIC

第六章

邮轮户外活动的服务与管理

知识目标

1. 熟悉邮轮上常见的户外活动项目。
2. 掌握邮轮户外活动服务管理的内容及要求。

能力目标

1. 根据参与者的需求和能力，为其提供安全、舒适、愉悦的邮轮户外活动体验。
2. 制定和执行邮轮户外活动的安全管理和应急处理方案。
3. 组织和管理邮轮户外活动场所的设备、场地和人员，确保场所的安全和卫生。

素养目标

1. 培养挑战自我、不断进取的精神。
2. 养成亲近自然、保护环境的意识。

思政园地

2019年以来，我国陆续出台《国务院办公厅关于促进全民健身和体育消费推动体育产业高质量发展的意见》《中共中央办公厅、国务院办公厅关于建立以国家公园为主体的自然保护地体系的指导意见》等文件，鼓励开展户外运动。

当前，我国已出台了《自然保护区条例（2017年修订）》《风景名胜区条例（2016年修订）》两部行政法规，明确鼓励开展旅游活动和娱乐活动。在此基础上，在“两法、*N*办法”制定和“两条例”修订中，还需进一步明确政府与管理机构等主体在保护与开发方面的权利、责任和义务，保障公众游憩休闲权利，建立资源有偿使用和生态环境补偿机制等内容，为自然保护地开展户外运动的定位以及运行方式提供指导。在政策层面，需要针对自然保护地开展户外运动提供更为具体详细的纾困措施，包括明确户外运动环保和安全的管理主体和办法，出台户外运动事故处理办法，出台资金、人才、土地激励政策等，从而为自然保护地户外运动项目的落地实施提供指导，引导政府和市场关注并重视自然保护地开展户外运动。

资料来源：周丽君，王琰．自然保护地开展户外运动的国际经验与中国路径：人地关系协调视角．体育学刊，2023，30（2）.

学习内容

本章介绍邮轮户外活动服务与管理的相关内容，以职业活动为导向，使学生通过对户外活动认知、户外活动服务管理的学习，了解各种户外活动，掌握邮轮基础户外活动类型，具备户外活动服务人员的素质要求，并能够组织和开展邮轮户外活动。

第一节 邮轮户外活动认知

一、户外活动概述

（一）户外活动的基本概念

户外活动是指户外进行的休闲娱乐活动，通常是在自然环境中进行。虽然各种各样的户外休闲活动都可以归类为体育活动，但它们并不都要求参与者是运动员。一般而言，与追求奖杯或冠军的个人或团体运动相比，户外活动压力要小一些。户外活动的传统项目包括远足、露营、登山、骑自行车、划独木舟、皮划艇、漂流、攀岩、跑步、帆船、滑雪、跳伞和冲浪。

（二）户外活动的起源与发展

户外活动的历史，最早可追溯到18世纪的欧洲。在18世纪，有一些传教士为了传教，不得不穿越山区；科学家也开始走入山区，做一些自然生态的研究；除了这些人外，还有一些因工业革命而产生的实业家和企业家等社会新阶层，把登山当成另一种休闲方式。当时的登山者，为了克服这些终年积雪的冰岩地形，发展出一整套登山技术，只是当时无论技术上还是装备上都相当简陋。一直到第二次世界大战前后，为了满足特种地形作战上的需求，军队开始发展了这些技术，攀岩和野营才逐渐有了雏形，在 20 世纪 70 年代真正形成了分类的体育项目。

随着人们生活水平的提高和健康意识的增强，户外运动越来越受到人们的关注和喜爱。徒步、登山、露营、漂流、滑雪、潜水、攀岩等各种户外活动项目逐渐成为人们追求健康、放松和挑战自我的一种方式。同时，户外活动也成为旅游业的重要组成部分，各地的自然景观和户外活动资源成为吸引游客的重要因素。

（三）国外户外活动发展介绍

在法国，户外活动已经成为一种生活方式和文化，而不仅仅是一种体育运动或娱乐活动。法国拥有丰富的自然资源和文化遗产，各种户外活动项目也得到了充分的发展和推广。同时，法国的户外活动产业也日益壮大，各种户外装备和用品不断创新和升级，为参与者提供更加安全、便捷和舒适的体验。除了本土的户外活动项目，法国还吸引了大量的国际性户外赛事和活动，如环法自行车赛、UTMB 越野跑、铁人三项比赛等。

二、邮轮户外活动

（一）邮轮户外活动及其策划

邮轮户外活动，即邮轮上的户外运动，是在邮轮旅游过程中，游客参与某项户外活动的行为。一方面，这些户外活动可以包括广义上的户外项目，如篮球、网球、足球、慢跑、沙狐球等，刺激性弱，参与度高，对技术指导要求不高。另一方面，邮轮上的户外活动也包括狭义上的户外项目，如冲浪、攀岩、定向运动等，这些项目需要更专业的技术指导和器材支持。邮轮上的户外活动一般由专业的教练或导游来组织和指导，确保参与者的安全和活动的顺利进行。

邮轮户外娱乐活动介绍

邮轮户外活动的策划需要综合考虑活动的技术性、安全性、娱乐性和吸引力等因素，确保活动能够吸引更多的参与者，同时保证他们的安全和满意度。在策划过程中，需要考虑到不同年龄、性别、健康状况和兴趣爱好的游客的需求，提供多样化的户外活动项目，以满足不同游客的需求和期望。同时，还需要考虑到邮轮船舶的空间和设施限制，合理安排活动场地和设备，确保活动能够顺利开展。最后，还需要培训和配备专业的工作人员，为游客提供安全指导和技术支持，确保游客的安全和顺利参与。

总之，邮轮户外活动是邮轮旅游中不可或缺的一部分，它可以为游客提供更加丰富多彩的旅游体验，同时，邮轮公司也需要提供相应的服务和管理，确保参与者的安全和活动的顺利进行。

（二）邮轮户外活动的组织模式

邮轮上的户外活动一般分为自由参与和组织参与两种模式。自由参与是指游客可以自由选择参与或不参与邮轮上的户外活动，无须提前报名或支付额外费用。组织参与则是指邮轮公司会提前组织好一些户外活动项目，并向游客收取额外的费用，游客可以选择参与其中的某项或多项。

第二节 邮轮户外活动的服务管理

一、海上攀岩

海上攀岩是一种新兴的户外活动，它将攀岩运动与水上运动相结合，为爱好户外运动的人提供了一种刺激的消遣方式。邮轮上的攀岩墙一般设置在船体一侧，高度为 30 米左右，攀岩墙的表面贴有模拟岩石，攀岩者需要抓住岩石上的凸起处，让自己顺着攀岩墙一步步向上攀爬。攀岩运动需要身体协调能力、力量、耐力、敏捷性和平衡感等多种技能，因此攀岩墙的工作人员需要具备较高的技术水平，并能够指导初学者进行攀岩。

邮轮攀岩墙的服务管理标准如下：

（1）攀岩者必须佩戴安全带，攀岩墙的工作人员应随时监控攀岩者的安全状况。

（2）攀岩者必须在攀岩前接受攀岩墙的工作人员的指导和训练。

（3）攀岩者必须符合身体健康要求，如有心脏病、高血压等疾病应避免参与攀岩活动。

（4）攀岩墙的设施和安全设备应该经过严格的检查和维护，确保安全可靠。

（5）攀岩墙的工作人员应该具有一定的救援能力，能够在紧急情况下及时进行救援。

二、定向运动

定向运动是一种户外活动，它将越野跑、地图阅读和导航技巧相结合，让参与者在户外环境中进行探险和寻宝。海上定向运动是一种新型的户外活动，它将定向运动与海上旅游进行了结合。邮轮上的定向运动一般设置在船体内部或甲板上，参与者需要在规定的时间内根据地图找到指定的地点，并收集指定的物品或完成指定的任务。

海上定向运动的服务管理标准如下：

（1）活动场地和设施应该经过严格的检查和维护，确保安全可靠。

（2）活动组织者应该具有较高的技术水平和活动策划能力，能够设计安排合适的路线和任务。

（3）活动组织者应该随时监控参与者的安全状况，如有紧急情况应及时进行救援。

（4）参与者必须遵守活动的规则和礼仪，如有违反规定的行为应及时制止。

（5）参与者必须符合身体健康要求，如有心脏病、高血压等疾病应避免参与定向运动活动。

三、海上高尔夫

海上高尔夫是一种新型的户外活动，它将高尔夫运动与海上旅游相结合，为爱好户外活动的人提供了别样的体验。

邮轮上的高尔夫练习场一般设置在船体上方，高度约为 30 米，球场面积较小，一般只有 1 ～ 2 个球洞。由于球场的特殊位置和环境，参与者在打球时会受到海风和船体晃动的影响，需要具备较高的球技水平。

海上高尔夫练习场的服务管理标准如下：

（1）球场设施和球杆应该经过严格的检查和维护，确保安全可靠。

（2）球场管理人员应该具有较高的球技水平和教练能力，能够指导初学者进行高尔夫球练习。

（3）球场管理人员应该随时监控参与者的安全状况，如有紧急情况应及时进行救援。

（4）参与者必须遵守球场的规则和礼仪，如有违反规定的行为应及时制止。

（5）参与者必须符合身体健康要求，如有心脏病、高血压等疾病应避免参与高尔夫球练习活动。

四、沙狐球

沙狐球又名沙壶球，它起源于15世纪初期的英国。当时人们喜欢在桌上玩一种推硬币的游戏，用的是一种很大的银币，后来逐步出现了专用的沙狐球以取代银币。不久此项运动便推广到了美国，美国橱柜制造商在为纽约的富人家庭制造沙狐球桌时，加进了其制作橱柜时采用的精细镶嵌工艺，沙狐球从此告别了其初兴阶段时的粗糙简陋。

19世纪末，沙狐球从最初的游戏演化成了竞技比赛和休闲娱乐体育项目，经媒体的大肆渲染及推广，沙狐运动一度与职业拳击、棒球一样占据了纽约报纸的大幅版面。自此举办了多次沙狐球锦标赛，球迷包括商界、戏剧界人士，甚至政界要员。如今沙狐球已进入成熟发展阶段并风靡欧美，世界各地也纷纷成立国家级和地方级的沙狐球协会，并成功地举办了多届沙狐球国际比赛。中国在2002年举办了第一届沙狐球比赛。

沙狐球的基本打法：

（1）双方选定球桌的任一端，以猜先的方式决定开球手及所用球的颜色（假定开球手选定红色壶球）。

（2）开球手将红色1号壶球推向球桌另一端，争取使球停在桌端的高分区。

（3）追球手将蓝色1号壶球也推向球桌另一端。可根据战术判定，将对方红球击落或使蓝球超过红球。

（4）双方轮流将自己的2、3、4号壶球依次推向球桌另一端。

（5）双方的八枚壶球全部推完，一轮比赛结束。

（6）超过滑道第一条计分线并留在滑道上的球为有效球，而只有推出最远球的一方为胜方，负分不计分。

（7）分数计算方法：假设蓝色1号、4号球最远，则将两球分值相加，为蓝球方（追球手）的得分，此轮红球方（开球手）为零分。落在红球之后的蓝球也不得分。壶球停在4个得分区任一区内可得相应的分值；若压在两个不同分值区的分值线上计低分；如球悬在滑道顶端在4分基础上加1分；如球悬在滑道两端仍计得分区的分值。

（8）一轮比赛结束，计算得分情况并记入计分器，双方走到球桌另一端开始下一轮比赛，上一轮胜方先开球。

（9）轮数无限定，当一方分数积满15分，一局比赛结束。

沙狐球是一项高雅、文明、时尚的体育运动，追求的是意志、精神、修养的陶冶和体质的锻炼，倡导的是永远超越、永远拼搏的精神和友好、公平竞争的良好氛围，因此参加沙狐球运动的双方球手都应遵守以下礼仪规定：

（1）竞技开始前及结束后，双方球手互相握手以示友好。

（2）出球时球手身体下半部不得越过球桌边缘。

（3）当球手推出自己的球之后应该退后一步，给对方自由的出球空间，使之出球不受干扰。

（4）球手在竞技中不得酗酒、吃零食。

（5）球手可随意着装，但着装应保持整洁。

（6）竞技双方谈吐举止要文明，不可出言不逊。

五、卡丁车

卡丁车分无级变速和带档两种，又分普及型和竞赛型两种。普及型卡丁车又称休闲型卡丁车，这种车的速度并不是很快，最高时速为 80 千米 / 小时，不需要有驾驶执照。而竞赛型卡丁车的时速可达 130 千米 / 小时，由于其底盘极低（离地仅 4 厘米），因此车手感觉到的相对速度会比实际速度高 2 ～ 3 倍，也就是说感觉时速为 300 千米 / 小时，特别是在弯道上会产生 3 ～ 4 倍于重力的横向加速度，令车手体验到一般赛车达不到的乐趣。

卡丁车结构十分简单，由钢管式车架、转向系统脚蹬、油箱、传动链护罩、车手座位和防撞保险杠等组成。卡丁车操作简便，车手戴上防护头盔和手套，只须记住左脚刹车，右脚加油门，即可驰骋赛场。卡丁车底盘很低，跑道光滑平整，加上咆哮的轰鸣，使车手体会到平时所体会不到的乐趣。一旦滑出跑道，卡丁车会自动熄火停止前进，不会翻车，保障了车手的安全。

卡丁车具有结构简单、安全性高而又极具竞速的特性，因此在日本及欧洲等国家和地区极为流行，大部分世界著名的 F1 车手都是由驾驶卡丁车开始的。

卡丁车安全驾驶须知：

（1）驾驶卡丁车前必须戴好防护用具：戴好安全头盔，穿好防护服。在驾驶出现意外碰撞时，头盔能起到避免头部受到直接撞击的重要作用。驾驶卡丁车时禁止穿拖鞋、高跟鞋。

（2）赛前观看安全驾驶视频：谨记左脚刹车右脚油门，油门和刹车不能同时踩，以免发生熄火和发动机故障。

（3）在车辆行驶的过程中，禁止与其他车辆发生碰撞。当车辆发生碰撞无法移动时，游客要举手示意安全员，等待安全员协助，不可以自己单独下车，以免发生危险。

（4）有心脏病、高血压以及不宜参加剧烈运动的人士禁止驾驶卡丁车。

（5）系好安全带。安全带又称生命带，赛前安全员会协助游客系好安全带，并严格检查。

（6）发车前等待指令，依次有序发车，进入赛道前应当缓慢行驶。赛道设有很多的弯道，过弯道时应当适度减速，享受速度带来的快感的同时也要注意安全。

六、冲浪

冲浪运动是运动员站立在冲浪板上，或利用腹板、跪板、充气的橡皮垫、划艇、皮艇等驾驭海浪的一项水上运动。

冲浪是一项相对危险的邮轮户外活动，该项目的服务管理人员需要了解冲浪的一些技巧，并且可以指导初次参与冲浪的游客。在进行冲浪服务管理中需要注意以下几点：

（1）提醒游客下水前注意检查装备，查看是否打蜡，安全绳、救生衣是否准备好。

（2）提醒游客做好暖身运动。

（3）提醒游客一定要遵守冲浪规则。

（4）强调如若发现有游客发生意外，旁边的游客必须立即停止冲浪。

七、水滑梯

邮轮上常见的水滑梯主要有冲天回旋、宽体水滑梯、飞毯滑梯、大喇叭滑梯、螺旋滑梯、旋涡滑梯、大型螺旋滑梯、彩虹竞赛滑梯、封闭螺旋滑梯、U形浪摆滑梯、筒雪橇滑梯等。

对于邮轮水滑梯项目的管理，一般准则如下：

（1）游客必须超过10岁或能够成功通过游泳测试。

（2）水槽中不允许有救生衣等物品。

（3）等待工作人员的开始指示。

（4）进入坐姿，要么坐着，要么平躺，把胳膊和脚放在水槽里。

（5）不在水槽中跑步、站立、跪、旋转、翻滚或停止。

八、露天泳池

露天泳池，顾名思义就是室外的泳池，一般豪华邮轮上会有1～2个露天泳池。由于空间限制，邮轮上室内游泳池的建造比较困难，相对而言，露天游泳池更符合邮轮的环境，可以让游客有置身于大海的切身体验。在露天游泳池中徜徉，可以让游客感受到阳光、海风，仿佛不是在泳池中游泳，而是真正在海洋中畅游。此外，露天游泳池可以和露天电影院进行结合，让游客在休息时可以观看电影。

除了游泳池之外，露天区域还常常设有休息区、酒吧、烧烤区等，让游客可以在游泳之余享受到更多的娱乐和休闲。同时，一些豪华邮轮还会提供专业的教练和游泳课程，让游客可以在航行中提高自己的游泳技能和健康水平。

总之，露天泳池是邮轮上一个非常重要的设施，不仅为游客提供了游泳和娱乐的场所，而且让他们可以在航行中感受到大海的美丽和魅力。

露天泳池的工作人员应具有高度的责任心、较好的游泳技能、基本的急救知识和较好的人际关系处理能力，善于处理与游客之间的关系，为游客提供细致、周到、规范的接待服务。邮轮露天泳池的服务标准如下：

（1）保持泳池边地面的清洁。

（2）保持地面尽量干爽。

（3）给游客提供毛巾。

（4）及时清理泳池边桌子的桌面。

（5）注意泳池里游客的安全。

九、真人 CS

真人 CS 是喜欢军事及户外运动的人聚集在一起的一种军事模拟类真人户外竞技运动，即使用模拟类游戏战术发射器（激光等各类对抗发射器器械），身着战术装备以及各种款式的军装、护具，进行的模拟军队作战训练的一种游戏，也是国际上风行的野战游戏。

真人 CS 集运动与游戏于一体，是一种紧张刺激的娱乐活动项目。注意事项如下：

（1）游客在活动期间一定要严格服从命令，统一行动、听指挥。

（2）贵重物品、现金请不要带到活动现场。

（3）注意防火和环保，烟头和塑料制品请放到指定位置（垃圾箱）。

（4）游客如患有高血压等各种心脑血管疾病、传染疾病、严重心理障碍、癫痫、哮喘、骨折病史、颈椎腰椎疾病及其他有碍运动和高空活动的疾病，或者是怀孕中、分娩后未足三个月，一律不得参加。

（5）长发游客请自备扎发的橡皮筋。

（6）需穿运动鞋，不要穿皮鞋。

SERENADE SEAS

第七章

邮轮儿童娱乐服务与管理

知识目标

1. 了解邮轮儿童娱乐服务的工作内容。
2. 掌握邮轮儿童娱乐服务的服务流程。

能力目标

1. 能合理组织儿童娱乐服务活动。
2. 能跟儿童进行有效沟通。
3. 能了解儿童身心发展的特点。

素养目标

1. 培养诚实的品格和高尚的道德情操。
2. 培养团队合作精神。
3. 培养精益求精的服务理念。

思政园地

童年期是儿童成长十分迅速的阶段。在这个时期，游戏对儿童思维的发展具有不可忽视的促进作用，诸多尚不成熟的关于空间、时间、可能性和因果关系的概念能够通过游戏得到进一步完善。比如，当儿童在等待使用玩具或扮演角色时通过亲身体验，使“几分钟后”“一会儿”“明天”“下周”等抽象时间概念变得具体且富有意义。总的来说，通过游戏，儿童能够获得认知、语言、社会性及情感等方面的发展。

游戏以一种浓缩的形式包含了所有的成长趋势，儿童主要是通过游戏活动而向前发展的。在早期儿童的生活中，没有什么活动比游戏能提供更丰富的内容和经验。因此，为儿童提供大量的自由游戏的机会，鼓励儿童参与游戏是促进儿童心理发展的重要途径。

资料来源：郭力平，许冰灵，李琳. 游戏对于促进儿童心理发展的作用. 心理科学，2001（6）.

学习内容

第一节 邮轮儿童娱乐服务的主要内容

一、开放时间

邮轮公司各个航线的儿童娱乐俱乐部的开放时间以公司规定为准，大部分国际航线的开放时间为上午 9 点至晚上 12 点（如有必要），一般中国航线的开放时间是上午 9 点至下午 5 点。参加俱乐部的孩子们可以和工作人员一起在自助餐厅吃午餐。家长将孩子送到俱乐部的时候，工作人员会询问他们的孩子是否会留下来吃午饭，以便告知餐饮总监和自助餐主管参加的孩子人数，填写“儿童出席午餐”表格，并于当日上午 10 点 30 分前送交餐饮总监及自助餐主管。

如果有主题晚餐，工作人员还会为参加“思高（Squok）俱乐部”（以歌诗达邮轮儿童俱乐部为例）的孩子们准备晚餐。如果没有主题晚餐，俱乐部将在晚餐时间保持开放，工作人员将在晚餐后等待父母送孩子。

在国际航线，儿童娱乐部门每晚提供免费的集体照看服务，时间至晚上 12 点或凌晨 1 点 30 分，家长需提前 24 小时与俱乐部联系报名。

二、主要服务

儿童项目包括各种各样的主题活动，有些是教育性的，但主要目的是让孩子们玩得开心。7 天邮轮之旅将提供至少 3 个主题之夜，更长时间的邮轮之旅将提供至少 5 个主题之夜。主题之夜提供软饮料、薯片、卡通形状的蛋糕和冰激凌。儿童娱乐服务主管将告知餐饮总监和酒吧经理预计参加活动的儿童的大致人数。所有餐饮服务员和酒吧工作人员在儿童聚会上提供餐饮服务时，都需要穿儿童娱乐部门的活动背心。

（一）活动服务

1. 船长角

在航行期间，船长会在儿童俱乐部安排一个和孩子们的会面活动，这个活动的目的是让孩子们了解航海世界。娱乐部总监应与船长商定会面的日期。活动前几天，工作人员应该让所有的孩子写一些问题给船长，这些问题会保存在俱乐部的盒子里。正式会面期间，船长将抽取一些问题并回答。没有机会写问题的孩子也可以在会面期间直接询问船长。这项活动将由儿童娱乐服务主管和其他工作人员主持完成。会面结束时，孩子们将和船长合影留念。

2. 蛋糕装饰活动

蛋糕装饰活动是邮轮娱乐部为小朋友们提供一个成为一天厨师的机会，他们可以用美味的奶油、糖霜和糖屑来装饰蛋糕。邮轮娱乐部总监将与餐饮总监商定活动时间和活动区域。儿童娱乐服务主管的职责是告知餐饮总监和自助餐主管参加活动的儿童人数，并决定为活动准备的物品数量。根据参加儿童人数，餐饮总监将决定安排多少餐厅员工参加这项活动。餐饮服务员和糕点服务员在协助装饰蛋糕时都要求穿儿童娱乐部门的活动背心。

3. 其他日常活动

（1）化装舞会。

（2）巧克力派对。

（3）主题派对，如海盗主题之夜等。

（4）音乐游戏以及舞蹈比赛。

（5）卡拉 OK 比赛。

（6）X-BOX 游戏锦标赛。

（7）儿童才艺表演。

（8）小公主的一天和小船长的一天。

（9）小猪佩奇活动。

（二）餐饮服务

儿童娱乐部门还联合餐饮部门为小朋友们提供丰富的餐饮服务。

1. 下午茶

孩子们的零食将在每天的自助餐中指定的区域供应。零食中有果汁、梨、桃、菠萝、苹果、巧克力、三明治和小蛋糕等。值班服务员应该穿儿童娱乐部门的活动背心。

2. 主题晚餐

一般在为期一周的航程中，邮轮将为年幼的孩子提供两顿主题晚餐，在 10 天的航程中，会提供三顿主题晚餐。

工作人员会为每个孩子准备一张特别的主题晚餐请柬，并在晚餐前一天由客房部送到客舱，请柬上会注明孩子的名字和客舱号码。晚餐提供孩子们最喜欢的菜单：汉堡、热狗、主题形状的意大利面、基于晚餐主题的蛋糕等。在自助餐区会有一些装饰，如蔬菜和水果雕塑，可以在饭后送给每个孩子。

第二节 邮轮儿童娱乐服务具体操作与管理

一、邮轮儿童娱乐部具体操作指南

邮轮儿童娱乐服务介绍

（1）任何情况下，应该至少有一个以上的娱乐服务工作人员在俱乐部监督未成年人的活动。

（2）当一位工作人员在组织活动时，其他工作人员的职责就是打扫卫生，为接下来的活动做准备。所有的用品包括蜡笔、马克笔、羽毛等，以及项目本身所需用品都应该准备好供孩子们使用。孩子的名字和舱位号码应写在对应的工具上。

（3）儿童剪刀只适用于 6 岁及以上年龄的群体，并且只在需要时放置。

（4）面部彩绘应该列在日常计划中，并且只能在每日既定的时间段进行，而不能在自由玩耍时进行。同时不应该安排在正式的晚宴日，因为需要拍摄家庭照的孩子们可能穿着正式服装，不合适做彩绘。

（5）桌游只能用于游戏包装盒上列出的推荐游戏方式。游戏小棋子应放置在儿童接触不到的地方。

（6）迪斯科舞会应该至少有但不限于两名工作人员值班：一名专门负责为孩子们签到 / 离开派对，并确保没有孩子中途自行离开。如果可能的话，有一到两名工作人员辅导孩子们跳舞。工作人员应与小朋友一同参与，营造欢乐的聚会气氛。同时，请注意只有孩子的父母或者监护人才允许留在聚会上。

（7）在游泳活动期间，至少有两名工作人员值班。每个参加的孩子都应该由工作人员询问他们的父母，确认孩子是否会游泳，并且家长应该在登记表上注明“可以”。如有需要，应进行游泳测试。

（8）换班时，应清点孩子的数量，并将所有必要的信息提供给主管。

二、儿童娱乐服务安全管理

儿童娱乐服务主管和儿童娱乐服务工作人员要对参加儿童俱乐部或青少年区活动的孩子的安全和健康负责。儿童娱乐服务主管的责任是确保所有活动计划作为日常项目的一部分是安全的，并且不会给邮轮带来任何风险。儿童来到儿童娱乐服务中心需要有父母或监护人签到，离开时候需要签出，并由同一父母或监护人接走。当孩子们被送到俱乐部时，工作人员必须确保他们都在现场登记注册并佩戴专门的紧急联系腕带。需要离开俱乐部参加活动时，孩子们在工作人员带领下成对排队并牵手，在离开儿童房之前和到达不同的场地时，必须进行计数，确保没有任何儿童掉队。

（一）儿童受伤

万一有小朋友在俱乐部内或其他活动场所参加活动时受伤，请遵循以下步骤：

（1）工作人员立刻把因受伤或任何其他医疗紧急情况处于生理不适状态的儿童送往医务室。

（2）立即联系儿童娱乐服务主管，儿童娱乐服务主管将通知娱乐部总监和娱乐部总监助理。

（3）立即联系受伤儿童的父母。请客服部联系父母所在客舱，如果父母不在客舱内，在获得酒店总监的批准下，在前台全船广播通知父母。

（4）儿童娱乐服务主管应留在医务室陪伴受伤的孩子，直至其父母到达。

（5）儿童娱乐服务主管及所有目击事件的工作人员应填写情况总结。

儿童娱乐服务主管应该从第二天开始每天跟进受伤儿童的情况直到本次航程结束。受伤儿童登记表以及所有邮轮儿童娱乐服务中心签到和签退表需要扫描后送到岸上管理部门。正本需要在航次文件夹中保存 24 个月。如果船上发生重大事故，航次文件夹文件将保存 3 年，并注明“调查中”。

如果孩子之间发生打人、咬人或一般攻击性行为，应通知所有家长 / 监护人，并将所有需注明的情况都包括在报告中。任何涉及工作人员、孩子、家长、项目和活动的投诉都应该提交一份报告。

（二）特殊需求和过敏

工作人员应该了解所有儿童的特殊需求和过敏情况；在审查所有注册表后，应该列出一份清单。此清单一式两份，一份副本保存在工作日剪贴板中。此外，俱乐部中应保留一份主列表，以备不时之需。

1. 食物过敏的儿童

当有食物过敏的儿童在俱乐部注册时，家长应特别告知工作人员哪些是孩子不能吃的食物。工作人员在给儿童提供任何食物或饮料之前，需要对过敏和特殊需求清单进行彻底检查。

如果患有严重食物过敏（如坚果死亡过敏）的儿童参加俱乐部活动，儿童娱乐服务主管将与家长会面，讨论活动时间表，告知父母哪些活动涉及食物，以便他们选择是否让孩子参加。如果确定参加，儿童娱乐服务主管应向餐饮主管提出要求，相对应地调整当天的食物订单。

2. 使用轮椅的儿童

使用轮椅的儿童来到俱乐部，工作人员要利用邮轮的无障碍通道帮助儿童进入俱乐部和其他区域。

如果使用轮椅的儿童需要使用洗手间，工作人员是不方便提供协助的，家长应确保儿童在到达之前去过洗手间或者儿童可以独立使用无障碍儿童卫生间。

3. 糖尿病儿童

如果患有糖尿病的儿童在俱乐部活动中需要测试血糖，工作人员需要联系其父母。如果需要注射胰岛素，工作人员必须联系其父母将孩子带到医务室寻求帮助，并且要正确处理针头。

4. 哮喘儿童

如果患有哮喘的儿童在俱乐部注册，其父母需要告知工作人员儿童哮喘的触发原因和发作频率以及严重程度。

5. 视力 / 听力受损儿童

如果视力或听力受损的儿童在俱乐部注册，儿童娱乐服务主管应与其父母会面以确定他们的孩子是否喜欢俱乐部活动并且全面了解孩子的独立能力。

6. 癫痫儿童

如果患有癫痫的儿童在俱乐部注册，其父母需要告知工作人员儿童癫痫的触发原因和发作频率以及严重程度。儿童娱乐服务主管应与其父母会面以确定他们的孩子是否喜欢俱乐部活动并且全面了解孩子的独立能力，同时确保孩子在俱乐部参加派对或参加其他活动的时候，没有闪光灯等刺激型灯源和音乐。

7. 残疾儿童

工作人员必须在不影响其他儿童的安全的情况下，尽一切努力合理地照顾有特殊需要的残疾儿童。

第八章

邮轮休闲娱乐服务安全管理

知识目标

1. 熟知邮轮各项安全管理措施及其重要性。
2. 掌握各类安全应急流程。

能力目标

1. 能够分析安全事故发生的原因。
2. 能够进行必要的急救。
3. 能够正确完成弃船处理流程。

素养目标

1. 培养安全生产的思想。
2. 培养救死扶伤的精神。
3. 培养团队合作精神。

思政园地

安全生产是民生大事，事关人民福祉，事关经济社会发展大局，一丝一毫不能放松。

党的二十大报告指出，坚持安全第一、预防为主，建立大安全大应急框架，完善公共安全体系，推动公共安全治理模式向事前预防转型。推进安全生产风险专项整治，加强重点行业、重点领域安全监管。

2020 年 4 月，习近平总书记对安全生产做出重要指示，强调生命重于泰山。各级党委和政府务必把安全生产摆到重要位置，树牢安全发展理念，绝不能只重发展不顾安全，更不能将其视作无关痛痒的事，搞形式主义、官僚主义。

2019年11月，习近平总书记在中央政治局第十九次集体学习时指出，要健全风险防范化解机制，坚持从源头上防范化解重大安全风险，真正把问题解决在萌芽之时、成灾之前。

学习内容

邮轮上娱乐部工作的安全问题，直接影响到邮轮整体经营工作的进行。因此，在娱乐服务过程中必须掌握一些安全方面的知识。本章对邮轮娱乐部门的安全工作进行论述，其中包括邮轮休闲娱乐服务安全管理的内容，以及安全防护知识等。

第一节 邮轮休闲娱乐服务安全管理的内容

邮轮休闲娱乐服务的安全管理至关重要，需注意以下方面：

（1）规划建设以及设施的配置等应符合安全、质检、旅游、消防、卫生、环保等国家和地方现行的有关法规和标准。

（2）应建立健全安全生产责任制和各项安全管理制度，配备专门机构及人员负责安全工作，确保正常运营，杜绝安全事故发生。

（3）应树立全员服务意识，制定详细的岗位服务守则，通过培训和服务质量监督，提升服务水平，满足游客娱乐体验需求。

（4）应建立健全环境卫生管理制度，严格执行相关卫生标准，为游客休闲娱乐体验营造一个生态和谐、整洁美观的园区环境。

一、邮轮休闲娱乐服务设备安全管理

设备安全是休闲娱乐服务安全的关键，保证休闲娱乐服务设备的安全要做到以下几点：

（1）各种安全防护设备的购买要求生产厂家必须有安全生产可证和质量检查报告。

（2）各娱乐设备应当将游客须知和警示标志置于入口处或其他显著位置。游客须知的内容应根据航线而定，如亚洲航线，除了基本的英文标注外，还要以中文、韩文、日文等作补充标注，且警示标志必须醒目、字迹清晰。

（3）娱乐部门要依据每台娱乐设备的特点制定月检、晨检表，月检应当检查各类重要部件、焊缝和安全保护装置，晨检应当重点检查设备运行是否正常，安全带、安全压杠、锁紧装置、吊挂装置、保险装置等是否可靠，电气控制是否正常、可靠。检查记录必须存档备查。

（4）工作人员在娱乐设备对外开放前必须进行试运行和例行安全检查，并对安全装置进行检查确认，做好相应记录。经检查发现有异常情况时，必须及时处理，严禁设备带故障运行。

（5）娱乐部门的安全员要负责设备使用状况日常检查，纠正违规行为，发现问题应当停止使用设备，并及时报告负责人；除此之外，还要负责定期对娱乐设备进行维护和保养。

（6）船长和邮轮酒店部门总监要不定期地对娱乐设备进行检查，部门负责人要陪同并记录问题，结束后工作人员要对出现的问题及时解决。

二、邮轮休闲娱乐服务游客安全管理

邮轮娱乐部门提供的休闲娱乐服务要始终把游客安全放在第一位。

（1）要提前让游客了解参与娱乐项目的具体要求。在休闲娱乐活动开始前，服务人员应向游客讲解娱乐设备使用须知。

（2）要时刻关注游客的身体状况，如遇游客身体不适或不符合乘坐要求的，服务人员要耐心劝解、说服游客不参与。

（3）当游客参与娱乐活动时，服务人员应对娱乐设备进行安全性能检查，检查安全装置是否扣紧、牢固，并向游客进行安全知识讲解和安全注意事项的说明。例如，在邮轮上的海上攀岩活动中，要为游客提供免费的安全帽、攀岩绳、攀岩鞋等装备，并由专门的工作人员为游客穿戴与检查；邮轮上的溜冰娱乐活动也为游客提供免费的溜冰鞋等，并由专人进行指导和看护。

（4）各类机器在运行中，操作员不得擅自离岗，应集中精力密切注视游客是否有不符合安全要求的行为举止，如发现应及时制止。

（5）游客参与人数较多的娱乐活动，如活动派对等，工作人员要时刻关注游客的动向，适时地进行疏导，以免出现踩踏事件。

游客应根据个人安全评估和运动能力选择合适的项目，接受工作人员的安全指导，认真了解娱乐项目的操作法。应注意安全警示牌、使用提示牌和项目说明牌等标牌。同时需要注意以下方面：

（1）游客在参加娱乐活动时发生、发现危险事故、紧急事件应及时拨打紧急电话，并通知工作人员。

（2）照顾好同行的老人、儿童、孕妇和残疾人。以上人员在可以参加活动的情况下，需要健壮成人陪同进行游乐。

（3）非本活动参加者禁止进入高空区域和攀爬高空项目，参加攀爬高空项目必须穿戴安全装备，并接受安全管理人员的安全保护。

（4）禁止翻越防护栏、防护网进入水上乐园，进出请走进出口。禁止在器械设备上嬉闹、玩耍，禁止晃动钢丝绳，以免损坏器械。禁止在防护网上攀爬、行走、嬉闹、游乐。

（5）禁止在活动区域打闹、追逐，禁止乱扔乱移块、棍棒和其他钝性物体。

（6）禁止在活动区域与他人发生谩骂、打架、斗殴，有冲突找工作人员协调。

（7）娱乐时注意保管好自己的私人财物，以免遗失、落水或损坏，不可随便交给他人保管。

三、邮轮休闲娱乐服务工作人员安全管理

工作人员的安全是为游客提供安全服务的前提，如果工作人员个人安全都得不到保障的话，就谈不上保障游客的安全。因此，邮轮娱乐部门也要做好工作人员的安全管理，应注意以下几个方面：

（1）娱乐设备的安全管理、操作、维修人员应当经过培训，并由质量技术监督部门考核合格，持证上岗；无证人员不得操作、维修游乐设备。

（2）工作人员在高空作业时，需佩戴安全帽、安全绳等安全劳动保护用品，着装要符合安全的要求。

（3）工作人员要对自己的身体负责，身体感觉不适时要尽快就医，不要带病工作；管理人员要时刻关注员工的状态，以免引起安全事故。

（4）工作区域内保持清洁，有碍安全的物品及杂物不得存留现场，确保安全作业。

（5）工作人员要高度重视安全，严格按操作规程作业，克服麻痹思想。

（6）对于个人无法完成的工作不能勉强，要积极寻求他人（领导或同事）的帮

助，其他工作人员对寻求帮助的人员要积极给予支持。

四、邮轮休闲娱乐服务场所环境安全管理

邮轮休闲娱乐服务场所的环境安全也是安全管理的重要组成部分，如果没有安全的环境，游客的人身和财产安全就无法得到保障。邮轮休闲娱乐服务场所的环境安全一般包含以下几个方面：

（1）消防通信设备及火灾应急广播系统、火灾自动报警及消防联动控制系统、防火门及活动式防火分隔设施、火灾应急照明和疏散指示标识系统必须运行正常。

（2）娱乐设施场所、公共区域均应设置安全通道，时刻保持畅通。

（3）室内娱乐场所的安全设施、走道要保持畅通，疏散标志设在明显易看到的位置。

（4）应急照明要起作用，疏散门要易开便捷。

（5）残疾人安全通道不得有杂物，应保持畅通，残疾人使用的设施要完好无损。

（6）要安装烟感装置，配备监控装置和方便快捷的报警系统等。

这些方面必须随时都保持良好的状态，为休闲娱乐服务安全管理提供物质基础，预防事故的发生。

第二节 邮轮休闲娱乐服务安全防护知识

一、引发安全事故的原因

引发安全事故的原因主要有五个方面：设备质量欠佳、设备保养不到位、游客使用方法和活动方式不当、管理和服务不到位、治安管理不善和消防管理不善。

（一）设备质量欠佳

邮轮是一种奢华的旅游产品，对设备的质量要求很高。另外，邮轮上虽然设有医疗部门，但是与陆地医院的医疗水平相比还有一定的差距，所以对邮轮上娱乐设备的质量要求、安全要求更要严格。

1. 大型娱乐设备

娱乐设备因质量问题造成的事故中，恶性事故所占的比例较高，严格控制大型

娱乐设备的质量，降低安全风险势在必行。然而，邮轮上使用的娱乐设备大部分存在老化、陈旧的问题，另外还有很多设备属于无证产品和自制产品，存在着设计和配置不合理的现象，影响着设备的安全运行，存在不同程度的安全隐患。

2. 室内娱乐设备

室内娱乐设备安全隐患主要表现在两方面：一方面，产品的电气绝缘性能太差，并且电源线不带保护地线，很容易发生漏电事故；另一方面，一些设备的外观非常粗糙，棱角处的装饰条和螺钉等有毛刺或尖锐锋利面，很容易划伤游客。

3. 游泳池设备

游泳池池底、池壁、地面和墙面多用瓷砖铺成，瓷砖质量和施工质量如不严格控制就可能引发安全事故。瓷砖的棱角处如果太尖锐，会很容易划伤游客，特别是人的皮肤经水浸泡后更容易被划伤。另外，地面瓷砖应采用具有较强防滑性能的产品，否则游客容易滑倒摔伤，而且在这种很硬的地面上摔伤很可能造成骨折等严重伤害。

4. 水滑梯

戏水乐园也是很多邮轮的娱乐项目之一。水滑梯作为戏水乐园的主要设施之一，质量若不过关，就会造成一些事故。例如某戏水乐园水滑梯出口端的角度过陡，坐滑梯的游客下滑速度非常快，由于惯性大，滑出的距离较远，而出口处的溅落池却较小，有的游客滑入溅落池后撞到池壁上，发生了撞伤事故。另外，有的水滑梯设计者追求刺激，将滑梯拐弯半径设计得非常小，使坐滑梯的游客感受到较强的离心力作用，在滑梯壁上滑动，而滑梯壁上由于没有水流润滑和散热，摩擦产生了较多的热量，因而游客的皮肤往往会被烫伤。

即使在设备质量有保障的前提下，也要提醒游客遵守秩序和听从指挥、注意水上乐园滑梯游玩限制，提醒游客认真阅读游玩须知，严格筛查游客是否符合年龄、身高、体重和健康要求，告诫游客全程以正确的滑行姿势下滑，避免做出危险的动作。

（二）设备保养不到位

1. 台球厅

通常情况下，台球厅的环境优雅、设备豪华。然而，如果保养不当，也难免会造成事故。例如，某台球厅的斯诺克台袋口是用铜条嵌入木框制成的。由于保养不当，袋口的铜条一端脱落。一位游客无意中走过时被划了一下，结果他穿的高档西裤被划了一个口子。

2. 保龄球馆

为保证保龄球设备正常运行和避免事故发生，每天都需要认真保养。根据规定，保龄球道每天应除尘、打磨、涂油。在涂油时，应按照规定要求操作，区域和油膜厚度都需符合要求。需要注意的是，发球区和发球区近端是不应涂油的。然而，一些保养人员在转换球道时操作随意，将油拖布或落油机从发球区随意拖过，导致发球区沾染上球道油。当打球的游客踩上去时，很容易滑倒摔伤，甚至骨折。另外，保龄球的球体在长期使用过程中会出现破损，如不及时维修或淘汰，也可能引发安全事故。特别是指孔边缘如果碎裂的话，会出现较锋利的磕口，容易划伤使用者的手指。

3. 壁球厅

大多数壁球厅的四面都由三面硬墙和一面玻璃幕墙及玻璃门构成。需要特别注意的是，施工质量和维修检查对于玻璃幕墙至关重要。由于壁球的运动量和动作幅度较大，游客打球时很容易撞裂玻璃幕墙，造成安全事故。因此，必须经常检查和维修玻璃幕墙。如果发现松动、开胶、螺栓与玻璃间的弹性衬垫破损等现象，必须及时维修。对于玻璃门，更应该经常检查，特别是合页部位和防止玻璃门反向开启的部件，需要经常检修。如果需要更换玻璃，一定要更换中间夹胶的双层玻璃，以防止玻璃碎裂造成大的伤害事故。此外，壁球厅的地面也应保持稳固、清洁、干燥，否则，游客容易滑倒摔伤。

4. 游泳池和戏水乐园

保养和维修游泳池与戏水乐园是保障游客安全和健康的必要措施。水池周围的地面需要定期清洁，避免细菌滋生和水藻、青苔生长，从而减少地面湿滑的情况，避免游客摔倒。水质的清洁也非常重要，不仅关系到水的透明度，还关系到工作人员是否能够及时发现水下的安全事故。

其他设备的保养也很重要，例如泳池的给水口和回水口。泳池给水口是往泳池送水的，回水口是往池外排水的，它们的数量应满足游泳池池水循环净化流量的要求，保持两者平衡，才能保证系统正常运行且池水水质达标。一般而言，戏水池的回水口通常会设置在较浅的水面下，而不像游泳池一样将回水口设在池边岸上，因为戏水池常常会有鼓浪等戏水形式，这样设置可以避免回水口被堵塞。如果游泳池多次开放后没有及时清理脱落的毛发，会导致回水口堵塞，进而影响回水量和水质清洁度，甚至引发安全事故。

通常，池水给水口的设置应符合下列规定：

（1）给水口的数量应按水池的全部循环水流量计算确定；

（2）给水口的设置位置应保证池内水流均匀；

（3）给水口应具有调节出水量的功能。

而池底回水口的设置及安装应符合下面这几点要求：

（1）应具有防旋流、防吸入、防卡入功能；

（2）每座水池的池底回水口数量不应少于2个，间距不应小于1米，且回水流量不应小于池子的循环水流量。

（三）游客使用方法和活动方式不当

1. 准备活动不充分

许多娱乐项目是从运动项目转化而来的，有些活动可能较为剧烈，因此游客在进行这些运动前，一定要进行全身性活动和针对性活动。具体的准备活动时间和强度，要根据不同的活动项目进行适当调整，而且在进行完准备活动后，一定要保证间隔，不要立即投入其他运动中。

根据不同季节的温度，准备活动的时间和强度也有所不同。冬天较冷，身体需要更长时间才能活动起来，准备活动的时间和强度都可以适量增加一些；夏天气温高，相应的时间和强度都可以酌情减少一些。

2. 身体状况欠佳

当游客身体状况欠佳时，应当谨慎选择参与项目，避免参与危险性和刺激性强的活动，以及较剧烈的运动，如酗酒后游泳或戏水。对于患有心血管病、脑血管病的游客来说，不宜参与攀岩等强刺激项目，因为这可能会使病情加重，甚至由于病情突然恶化而导致猝死。对于身体状况欠佳的游客，也不建议长时间洗桑拿。

3. 技术水平欠佳

有些游客的运动水平欠佳，因而动作协调性、运动持久性都有限。在这种情况下，出现安全事故的概率就相对大一些。再加上游客在娱乐场所的环境里都比较兴奋，往往忽视安全，使出现安全事故的概率进一步加大。例如，在保龄球场，有些游客由于动作不协调，又用力过猛而经常滑倒，其中个别的可能会摔伤。在游泳池和戏水乐园，往往会发生溺水事故。发生溺水事故的多数是游泳技术不好的人，也有的是因为发生意外情况，如肌肉痉挛所导致。

4. 未按操作规定控制设备

操作规定是根据机器设备的性能特征和安全要求制定的，有的游客在使用设备时比较随意，不按操作规定去做，容易引发安全事故。例如，在健身房，有很多设备都有较严格的操作要求。使用跑步机，如不按操作规定，就可能发生意外。因为按规定，使用跑步机时应将速度由慢到快逐步加速，需要停止时也应由快到慢逐步减速，当机器减到缓慢速度或停止时，运动者才能走下跑道。但有个别游客由于某种原因从较快运行的跑道跳下，这时由于惯性很大，特别容易摔倒。

（四）管理和服务不到位

1. 保护不当

一些娱乐项目的运动量很大，并且存在着一定的不安全因素。为了减少或消除这些不安全的因素，在进行这些娱乐活动时，就应该采取适当的保护措施，以避免出现安全事故。例如，游客在健身房做卧推杠铃时，就应该由教练或工作人员适当保护；再如，游泳池的深水区应当配备救护员，以便在发生溺水事故时采取救护措施。

2. 操作失误

有的项目需要工作人员按照严格的要求操作，尽可能地避免发生严重伤害事故。如蹦极运动，按照规定，蹦极弹跳绳按粗细分为轻、中、重三种级别，根据蹦极者体重的不同选用不同的弹跳绳，弹跳的最大长度以蹦极者不触地或触水为准。同时还应在蹦极者的脚上系上无弹性的钢丝绳，作为第二道保险绳。但是如果体重称量不准，选择弹跳绳的规格不准，绳长计算不准，就可能发生严重事故。

3. 维持秩序不当

大多数娱乐项目都需要多人一起参与，因此需要制定相关规则和维护良好的活动秩序，尤其是一些危险性较高的项目，如小赛车、水上摩托、水滑梯等。在水滑梯运营过程中，维护秩序至关重要。为了避免较多和较严重的碰撞伤害事故，需要专人负责维持秩序，包括滑梯出发台和结束处的水池。出发台的工作人员需要控制滑梯下滑间隔，以避免游客相撞。在水池附近的工作人员应尽快协助游客离开，以免被后面的游客撞伤。工作人员还需要检查游客是否携带尖锐硬质物品，如眼镜、钥匙等，以保证游客的安全。

4. 提示不及时

在容易出现安全事故的地点或时间，应该由工作人员经常提醒游客，以降低发生事故的概率。例如，游泳池工作人员应当提示游客注意池水的深浅，并在深水区、浅水区放置提示牌，防止游客跳水时头部与池底相撞。其他娱乐项目也同样，凡是存在安全隐患的地方，都应该提醒游客注意安全。如在保龄球馆，有的游客打球的动作很不规范，如果工作人员不及时提示改正动作，游客不但打不出好球，而且可能因动作不规范而滑倒摔伤。

（五）治安管理不善和消防管理不善

1. 打架斗殴

邮轮上出现斗殴事件有两方面的原因：一方面，来邮轮上消费的人群成分较复杂，难免会有一些喜欢滋事的游客，他们有时会寻衅闹事；另一方面，游客当中有个别人喜欢出风头，常为一点小事与别人争长论短，出言不逊。而且，虽然邮轮上对游客饮酒有严格的规定，但是难免会遇到一些酗酒后在娱乐场所闹事的游客。

2. 失窃事故

失窃事故在邮轮上的娱乐场所较少出现。如发生这种情况，可能是由于参与娱乐活动的游客过度兴奋而将自己所带物品遗落，无意间丢失，应及时联系工作人员协助寻找。

3. 消防事故

因邮轮多在海上航行，救援速度比陆地上慢且难度大，所以对安全的要求非常高，而消防事故是导致较大安全事故的原因之一。邮轮上发生火灾的直接原因主要有三个方面：第一，抽烟者乱扔未被掐灭的烟头或尚在燃烧的火柴，引燃易燃物；第二，电器过热，引起电器过热的原因有电路老化、绝缘不良、电压或功率不匹配等；第三，电器使用不当，主要是有些电器本身就是发热的，且功率都比较大，如电热风机、电桑拿炉、电取暖器等，而在使用这类电器时未注意与可燃物品隔离，可燃物品被电器烤燃而引起火灾。

二、安全事故的预防

邮轮娱乐部门要十分重视对安全事故的预防。预防工作做好了，可以减少很多事故，减少很多处理事故所带来的麻烦和损失，从而降低经营成本。

（一）加强安全意识，加强安全管理

1. 加强对管理和服务人员的安全培训，强调以预防为主的安全管理原则

娱乐部的全体工作人员都应该强调以预防为主的安全管理原则和安全服务意识。首先要进行培训，通过培训，工作人员认识到安全服务的重要性，认识到安全服务给企业、游客、自身带来的益处，提高其贯彻以预防为主的安全管理原则的自觉性；通过培训，工作人员认识并熟悉安全管理制度，提高处理安全事故的能力。培训的

内容应涉及设备安全、人员安全、消防安全、治安安全等方面。

2. 加强对游客的疏导服务

安全管理涉及的重点场所和重点部位，特别是客流量大的场所，有时会出现拥挤现象，容易发生安全事故，如挤伤、踩伤等。另外，人多的地方也容易发生治安方面的事故。这时，工作人员就应该特别注意加强疏导服务，维持好现场的秩序，防止发生伤害或失窃事故。

一般情况下，人们到有危险的地方时会非常谨慎，不过也有例外。例如让一个不太会游泳的人独自到深水区去游泳，他会产生恐惧感。但当浅水区几乎没人，而深水区人很多时，那个不太会游泳的人也会想不妨到深水区玩一会儿，他的恐惧感由此减少。其实危险因素对他来说一点也没有减少，反而由于人较多，个别人出了事不容易被岸上的救护员发现，更增加了危险系数。这时候，工作人员要特别注意疏导和提示，以减少事故发生的可能性。

在娱乐部门的管理中，还应该注意总结经验，摸索规律，找出容易发生安全事故的地点和时间，以便及时发现引发事故的苗头，采取相应防范措施，防患于未然。某戏水乐园总结出容易引发溺水事故的 13 种现象，并广泛告知工作人员，对防止溺水事故发生起到了很好的作用。这 13 种现象是：

（1）坐水滑梯者落入溅落池后站立不起来。

（2）游泳技能较差的人误游到深水区。

（3）鼓浪时惊慌失措的游客。

（4）恋人在水中相拥。

（5）大人背着小孩游泳。

（6）小孩独自游泳或独自在泳圈中漂流。

（7）老年人独自游泳。

（8）在水中忘情地嬉戏打闹。

（9）体质较弱者独自游泳。

（10）随便跳水。

（11）仰卧在大型泳圈里的成人漂流者。

（12）较长时间潜水者。

（13）鼓浪时仍坐在浅水平台上的老人和儿童。

对于这些现象，救护员应及时采取主动式服务，提醒游客防止发生危险，注意游泳安全，或将其引导到安全地带。

3. 加强与邮轮安保部、安全部的联系与合作

安保部、安全部是邮轮上负责安全保卫的职能部门。安保部、安全部全面负责安全保卫工作，包括营业场所的治安管理、企业的财产安全管理和消防安全管理。它们的工作与娱乐部门有密切联系，娱乐部门为游客提供服务的过程中需要它们的协作与配合，在预防和处理安全事故或消防事故时应接受安保部、安全部的指导与帮助，以便共同为游客提供安全的服务。

（二）建立完善的安全制度和安全管理体系

娱乐部的管理人员应该特别重视安全管理，把安全工作放到重要的议事日程中，注意培养全员的安全意识，建立和完善各项安全制度，包括安全管理制度、全天候值班制度、定期安全检查制度、安全操作规程和安全事故登记与上报制度。

安全管理的最主要目的是保障游客的生命财产安全和员工的安全。在某些存在危险性的娱乐活动开始前，特别是一些大型的娱乐项目开始前，应该对游客进行安全知识讲解和安全事项说明，并具体指导游客正确使用设备设施，确保游客能够掌握正确的动作要领。某些娱乐项目对游客的健康条件有要求，或是不适合某种疾病患者参与，如桑拿、游泳、按摩、攀岩、溜冰等项目，应该在该项目活动的入口处以警示方式予以公布。在娱乐活动进行过程中，应密切注意游客的安全状态，适当提醒其注意安全事项，及时纠正游客不符合安全要求的行为。娱乐部还应保护员工的安全，加强对员工的安全操作技术培训，未取得专业技术上岗资格的员工不得操作带电的设备；开展经常性的安全培训和安全教育活动；建立安全检查工作档案，每次检查都要填写检查记录表单，检查的原始记录由负责人签字后存档。

邮轮上的所有娱乐场所都应该具备完善的安全设施，各娱乐场所、公共区域均应设置安全通道，并时刻保持畅通无阻；要严格按照消防规定设置防火设备，配备专人管理；安装报警装置；配备处理意外事故的应急救护设施设备。

安全管理工作还必须做到组织落实，并建立完善的安全管理体系、安全操作保障体系、安全维护保障体系。

三、安全事故的处理

安全事故的处理是指安全事故发生后应采取的处理措施。对安全事故的处理虽然属于被动管理，但是在娱乐部门的经营过程中却是不可避免的。对安全事故的恰当处理能避免事故扩大，有效减少事故带来的损失。

(一) 一般安全事故的应急处理

1. 擦伤或切割伤的应急处理

擦伤，一般伤口较浅，出血不多，因而可用卫生棉稍微挤压，以挤出少许被污染的血液，如果伤口很脏，则可用清水冲洗后再用酒精消毒，然后用创可贴或纱布包扎。切割伤，多为锋利物所伤，伤口比擦伤要深。如果伤口较浅，可参照擦伤的应急处理进行；如果伤口较深或很深，流出的血是鲜红色的且流得很急，甚至往外涌，则可判断为动脉出血，这时首先应设法止血。可采用压迫上血点的方法，即压住伤口近心部位的动脉，在此期间还要及时通知医疗部前来救治。如果手指或脚趾被全部切断，应马上拨打邮轮上的医疗部电话，及时用止血带扎紧伤口，在医疗人员到来前，工作人员可以用手指压住受伤的部位止血，待医生过来后将断指用无菌纱布包好。在邮轮上无法救治的情况下，要及时通知陆上医院，可采用直升机将伤者送往医院。

2. 扭伤或拉伤的应急处理

扭伤和拉伤多因游客在参与娱乐活动时姿势不正确或用力过猛所致。由于肌肉或韧带已经损伤，会伴有较强的疼痛感。发生此类事故时，工作人员要立即扶游客坐下，并通知医疗部，然后查看扭伤或拉伤的部位，观察伤势，等待医生的到来。在伤势不严重的情况下，医生可以为游客喷一些局部外用药，并嘱咐游客多休息；若伤势较重，在做过简单护理后，要及时与陆上医院联系采取救助措施。

3. 烫伤与烧伤的应急处理

发生这类伤害事故时，首先要做的就是通知医疗部，随后可协助医生做相关的治疗。一般只有红肿症状的为轻度烫伤，这时可用冷水冲洗，再用纱布包好即可；重一些的烫伤，局部已起水泡，须立即用冷水较长时间冲洗，等待医生的到来。注意不要碰破水泡，以防止细菌感染。

烧伤一般由电击或火灾引起，可先用生理盐水冲洗一下，如果伤口被脏物污染，可先按烫伤清洗的办法处理，再用生理盐水冲洗，保持伤口及周围皮肤的清洁，等待医生的到来。

4. 骨伤的应急处理

在医生到来之前，患者若骨伤有出血现象，应先止血，然后包扎，不要试图自己扭动或复位。包扎出血伤口后再固定，可用木板、杂志、纸板、雨伞等可找到的物品作支撑物，固定骨伤。固定夹板应扶托整个伤肢，固定时，应在骨突处用棉花或纱布等柔软物品垫好，以减少伤者痛苦，然后用绷带包扎。包扎的绷带要松紧适度，并露出手指或脚趾，以便观察血液流通情况。包扎后应当立即送医疗部门治疗。

在休闲娱乐服务过程中，有可能遇到颈椎创伤，这时候更要认真对待，切不可掉以轻心。应急处理时应将伤者平移至担架或木板上，保护好伤者头颈部并迅速联系陆上医院治疗。

（二）溺水事故的应急处理

溺水事故是水上乐园及游泳池易发生的事故，严重者往往导致溺水者死亡。

一般发生溺水事故，进行现场救援和急救十分必要。其过程如下：

（1）从后面接近落水者，避免让慌乱的落水者抓（抱）住。

（2）从后面双手托住落水者的头部，用利于呼吸的仰泳方式，将落水者带至安全处。

（3）高声呼救，并确保救护者自身安全。

（4）清理溺水者口、鼻异物，保持其呼吸通畅。

（5）控水：即做倒水动作，把水从肺部和胃部倒出来。方法是：救护人半跪，将溺水者腹部放在大腿上，头下垂，拍其背部；或按海氏急救法给予控水。快速控水后立即进行心跳呼吸检查。

（6）呼吸、心搏骤停者，立即进行心肺复苏。心肺复苏术包括打开气道，清除口腔鼻腔中的异物，胸外心脏按压以及进行人工呼吸。需要注意的是，呼吸和心跳恢复后，还可能再度停止。

（7）人工呼吸的方法：让溺水者仰头，抬起溺水者下巴，打开其气道，捏住溺水者鼻子，吹入两口气，同时观察溺水者胸部是否有起伏，如有起伏，就是有效的人工呼吸。接着，施救者需进行胸外心脏按压，每分钟 100 至 120 次。如此循环往复。心肺复苏有效者，可用干毛巾由四肢向心脏方向擦拭全身，促进血液循环。

抢救时要注意：

（1）要坚持抢救，不要轻易放弃，特别是低温情况下，要坚持到专业人员到现场。

（2）做人工呼吸时注意不要让患者的颈部屈起，一定要将头颈脊柱保持在一条直线上，避免发生脊髓损伤。

（3）排水处理应尽可能缩短时间，动作要敏捷，如果排出的水不多，绝不可为此多耽误时间而影响其他抢救措施。

（三）火灾事故的应急处理

在发生火灾时，娱乐部门的员工应该立即采取应急措施，以防止火灾扩大和蔓延。应急措施如下：

（1）当发现煳味儿、烟味、不正常热度时，应马上寻找产生上述异常情况的具体部位，同时将发生的情况逐级上报。

（2）当火灾情况紧急时，应马上拨打电话上报情况，报警时要讲清火灾的具体地点、燃烧物质、火势大小，报警人的姓名、身份和所在部门及部位。

（3）如有可能，应立即扑救，然后报警。在扑救过程中应注意保护现场，以便事后查找失火原因。

（4）如果火情十分紧急，应立即打碎墙上的报警装置，同时拿上本区域适用的灭火器进行自救灭火。

确认火情时应注意：不要草率开门，可先试一下门体，如无升温可开门查看，如温度已高，可确认门内火情。此时房间内若有游客，应设法救人；若房内无人，应做好灭火准备后再扑救。开门时不要把脸正对着开门处，以免烧伤。

（四）治安事故的应急处理

娱乐部门在服务过程中，对治安事故应采取以下几项措施：

（1）主动巡查，注意疑点。工作人员在服务中应经常巡查，仔细观察，发现可疑的人应采取继续观察、主动服务等方式，进一步了解和掌握情况。

（2）出现事故，尽快报案。一旦出现治安事故，工作人员应马上向本部门报告，情况严重时，可立即向安保部报案，然后再向本部门汇报。

（3）紧急情况，及时处理。有些事故应采取紧急措施，以免事态扩大，造成更大损失，如制止破坏公共财物等。

（4）采取措施，保护现场。发生重大案件时，工作人员在上报后应注意保护现场，以便于安保部侦破案件。在办案过程中，工作人员应实事求是地主动反映情况，提供线索。

第三节　处理突发事故的基础知识

一、报警电话

目前，世界上知名的国际邮轮公司多使用“911”作为报警电话，在邮轮上发生火灾、伤病等突发情况都可以拨打该电话寻求救助，在拨打过程中要讲清楚发生了什么事故、发生事故的详细地点、事故的基本情况，以及报警人的姓名、岗位、部门等信息。

“95110”是中国海警局开通的海上报警电话，该报警电话按照“属地管辖、就近处警”的原则，实行 24 小时值守。在全国范围内及通信网络覆盖的近海海域可直接拨打“95110”。95110 报警服务平台主要受理报警救助范围：

（1）海上发生的刑事案件和治安案（事）件。

（2）海上发生的走私案件（行为）。

（3）非法围填海、擅自改变海域使用用途、未经批准开发利用无居民海岛、未经批准或未按规定进行海底电缆管道作业和破坏海底电缆管道等行为。

（4）破坏海洋自然保护地（海岸线向海一侧）等行为。

（5）海洋工程建设项目、海洋倾倒废弃物造成海洋环境污染损害等行为。

（6）机动渔船底拖网，禁渔区线外侧和特定渔业资源渔场发生的渔业违法违规行为和涉渔纠纷。

（7）其他需要海警处置的报警和求助。

二、心肺复苏术

心搏骤停一旦发生，如得不到及时抢救复苏，4 ～ 6 分钟后会造成患者脑和其他人体重要器官组织的不可逆损害，因此心搏骤停后的心肺复苏（Cardiopulmonary Resuscitation，CPR）必须在现场立即进行。

心肺复苏 ABC 是对心跳及呼吸停止的伤者进行急救过程的描述，A（Airway）是指打开气道，保持呼吸道通畅，为人工呼吸做准备；B（Breathing）是指恢复伤者呼吸；C（Circulation）是指恢复伤者血液循环。对呼吸心跳停止的伤者的急救应按下列步骤进行：

首先，打开气道，这是恢复呼吸不可省略的步骤。使伤者头部略微后仰，托起其下颌。要注意在没有排除颈椎损伤的可能之前，做托起下颌的动作要非常小心，可用双手的四指放在下颌角下方，用拇指推下颌，使伤者嘴张开。在此过程中注意保持颈椎部位的位置，不能让颈椎有过度后仰的动作。

在打开气道后仍无呼吸时，则应开始进行人工呼吸。一手捏住伤者鼻孔，深吸一口气，然后口对口用力将空气吹入伤者肺中。同时注意伤者胸部有无运动，如果没有，则检查气道内是否有异物。胸部运动后，停止人工呼吸并松开捏鼻子的手，让肺内空气排出。人工呼吸以每分钟 16 ～ 18 次的频率进行。

如果心跳停止，还应同时进行心脏复苏。心脏复苏的方法是心前区叩击术，即对心脏刚刚停跳者，用拳头叩击心前区 3 ～ 5 次，用力中等。如果无效，用胸外心脏按压进行抢救，这是一种简单、有效、易行的抢救方法。做胸外心脏按压时，应双手掌重叠，将下面手掌根放于胸骨下 1/2 处（注意不能压胸骨剑突，以免引起骨折），垂直向下有节奏地用力按压，每次使胸壁下陷 3 ～ 4 厘米，然后迅速将手抬起，让下陷的胸壁恢复正常，每分钟 100 ～ 120 次。做胸外心脏按压时，肘关节要伸直，利用身体重量进行按压。按压时，手掌不要离开胸壁，以免按压位置改变；用力不可过重，以免引起骨折。

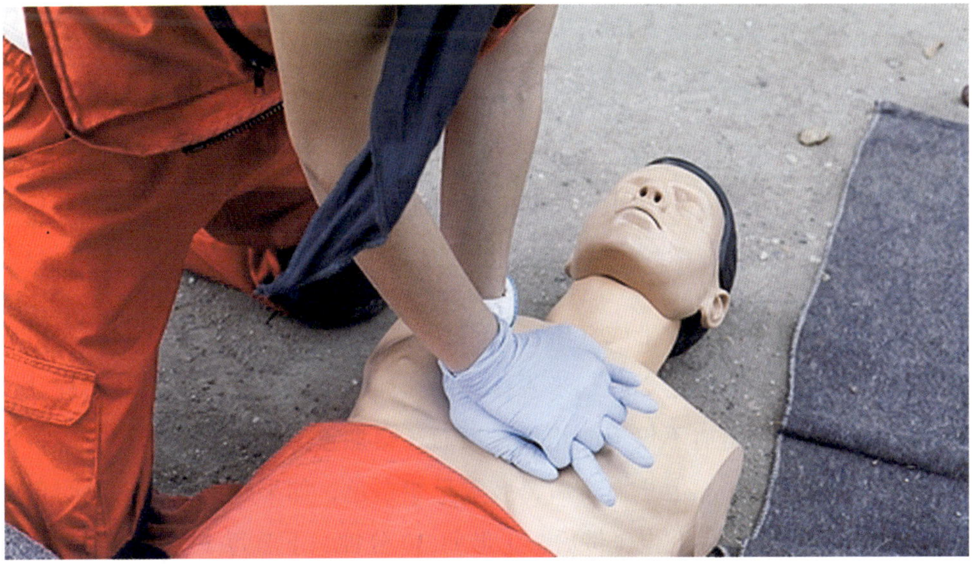

一般情况下，发生心跳停止者多伴有呼吸停止，这时需要胸外心脏按压与人工呼吸同时进行。如果现场仅一个人会操作时，应先做 2 次人工呼吸，然后做 15 次胸外心脏按压，再做 2 次人工呼吸，再做 15 次胸外心脏按压，如此循环一直进行下去。如果有两个人同时分别进行人工呼吸和胸外心脏按压，则应按 1 次人工呼吸、5 次胸外心脏按压的方法进行。

现场 CPR 应坚持不间断地进行，不可轻易做出停止复苏的决定。如符合下列条件者，现场抢救人员方可考虑终止复苏：

（1）患者呼吸和循环已有效恢复。

（2）无心搏和自主呼吸，CPR 在常温下持续 30 分钟以上，医务人员到场确定患者已死亡。

（3）有医务人员接手承担复苏或其他人员接替抢救。

心肺复苏有效指标如下：

（1）颈动脉搏动：按压有效时，每按压一次可触摸到颈动脉一次搏动，若中止按压搏动亦消失，则应继续进行胸外按压。如果停止按压后脉搏仍然存在，说明病人心搏已恢复。

（2）面色（口唇）：复苏有效时，面色由发绀转为红润，若变为灰白，则说明复苏无效。

（3）其他：复苏有效时，可出现自主呼吸，或瞳孔由大变小并有对光反射，甚至有眼球活动及四肢抽动。

三、出血伤的急救处理

出血有表皮擦伤等引起的外出血，也有因内脏破裂等引起的内出血。内出血往往失血较快，患者很快会休克，应尽快将这类伤者送到医院输血或进行手术治疗。外出血相对来说较多见，外出血的急救法有止血带法、压迫法和填充法。

（一）止血带法

如没有专用的皮管、皮带或气压止血带，可用布带代替。止血带应捆在出血部位的近心端，压力要不少于200毫米汞柱，因为如果压力不足，仅阻断了静脉，动脉血仍继续流通时，出血不仅不能止住，反而还会加重。上止血带时，应先将伤肢抬高，然后再上止血带。上止血带后，肢端呈蜡白色，如果呈紫红色，说明止血带上得不对，要重捆一次。上止血带后，上肢每30分钟、下肢每1小时要分别放松一次，以免肢体坏死。上肢应尽量避免用皮管止血带，不得已用时，应在皮管与肢体之间多垫棉花或衣服，因为用皮管止血带常常容易引起肢体神经损伤。另外，上止血带后，一定要记录上止血带的确切时间，以免忘记，造成上止血带时间过长而发生其他损伤。除大出血情况外，一般最好不要采用止血带止血。

（二）压迫法

对于一般较轻的出血，在出血部位直接进行压迫是最有效的方法，这能使血管闭塞、出血停止。压迫时用手指或用包扎的方法都可以。

对于较大的动脉出血，则需要用指压法压迫相应的动脉，以达到止血的目的。常用的压迫点及止血范围如下：

（1）颞浅动脉：用一手指在耳屏前约1厘米处压迫，止侧额部、额部出血。

（2）面动脉：在颌下角前约1.5厘米处，止侧面部、颌上部出血。

（3）锁骨下动脉：在锁骨上窝处，止上臂上部及肩部出血。

（4）肱动脉：在上臂内侧中部，用三指向肱骨体方向压迫，止前臂出血。

（5）指间动脉：在手指指间关节两侧同时压迫，止手指末端出血。

（6）股动脉：在腹股沟中点处，用掌根压迫，止下肢出血。

（7）胫前、胫后动脉：用两手拇指分别同时按压内踝与跟腱之间和足背中点略靠内侧部位，止足部出血。

（三）填充法

填充法在运动创伤中很少用，多用于躯干的大伤口或不能上止血带的部位。主要用消毒纱布垫填充伤口压迫止血。

四、晕船情况的紧急处理

晕船在医学上称为“晕动病”，主要是由于船在行驶时产生颠簸，使人体平衡功能暂时失调而引起的。当不断观看迅速移动的景物、闻到汽油味或饥饿、过饱、睡眠不足时，往往易诱发晕动病。晕船的症状因人而异，轻者仅感头昏、恶心，重者头晕目眩、恶心呕吐、面色苍白、出冷汗，甚至血压下降而虚脱昏倒；严重的晕动病，因呕吐频繁易致电解质紊乱，发生酸中毒性休克。晕动病的防治、处理如下：

（1）心情放轻松。如果游客出现晕船等情况，首先要告知游客不要紧张，心情尽可能地放松，还可以建议游客坐到邮轮上通风的地方，呼吸一下新鲜空气，调节心情。

（2）服药。建议游客服用晕船药物，主要为镇静止吐药，如乘晕宁等，用来抑制中枢兴奋，缓解消化道痉挛。

（3）涂风油精。将风油精涂于游客太阳穴或风池穴，也可滴两滴于肚脐眼处，并用伤湿止痛膏敷盖。

（4）巧用橘皮。可以将新鲜橘皮表面朝外，向内对折，然后对准游客鼻孔用手指挤压，皮中便会喷射出带芳香气味的油雾。

（5）按穴位。发生晕船时，可以教游客用拇指掐一下内关穴（内关穴在腕关节掌侧，腕横纹上约二横指和二筋之间），掐 3 ～ 5 分钟，适当加压，直到有一种酸痛的感觉。

（6）闭目。建议游客尽量不要看快速移动的景物，可以闭目养神，最好是睡觉。睡觉是最简单的一种抗晕良方。

第四节 弃船行动的处理

弃船，是指当船舶处于危急状态，船长认为自救和他救均无希望，船舶沉没或毁灭已不可避免的情况下，为了游客和船员的生命安全决定弃置船舶的行为。邮轮各部门工作人员也承担相应的安全责任。当弃船命令或信号发出后，全体船员和游客切勿惊慌混乱，都应严守纪律，服从指挥，保持良好秩序，按照救生演习的部署，各守岗位，执行弃船工作。所有人员在 2 分钟内赶到指定的集合地点集合，在前往指定的救生艇甲板集合前，应采取如下行动。

一、相关人员按照应变部署表内制定的职责携带下列物品入艇

（1）航海日志、轮机日志；

（2）各种船舶证书及机密文件；

（3）国旗；

（4）一只救生圈；

（5）现款及账册；

（6）武器及贵重物品。

二、相关人员按照应变部署表内制定的职责协助游客

（1）上下楼梯，提醒游客勿乘电梯；

（2）到达指定集合地点；

（3）正确穿着救生衣；

（4）防止出现踩踏、窒息现象等。

三、加穿适当的衣服

邮轮遇险无论是发生在热带水域还是在低温水中，求生者在离开难船前都不得脱衣服和靴鞋，应尽量多穿一些衣服。尤其是在寒冷水域遇险时，就更应注意多穿几层保暖性能好的衣服；里层最好选用羊毛织物，而外层以厚实、防水的紧身衣物为最佳。另外，在寒冷的气候中要穿戴手套、毛袜、线帽等，以防止体热迅速散失。如果在弃船时必须进入水中，最初遇到的“冷冲击”可使人员失去活动能力，甚至丧命。多穿着的衣服可以明显减小“冷冲击”的不利影响，而外层的防水衣服则可

以完全防止其影响。而且多穿着的衣服还可以减少身体表面的热量消耗，延长人员在水中的待救时间。

没有救生衣或救生衣损坏时，上衣和裤子可能是求生者唯一可以使用的漂浮工具。即使登上救生艇、筏等待救援，多穿些衣服也有助于获救。

四、穿妥救生设备

人员穿好衣服后，应迅速穿妥救生衣或保温救生服，然后尽快到指定的救生艇筏处集合。

五、收集保护物

如时间允许，应尽量收集如毛毯、衣服等保护物。

六、收集食物和淡水

虽然救生艇、筏内已备有食物、淡水，但配备数量有限，因此在弃船登艇、筏前应尽量多吃食物和多饮淡水，保持腹中饱暖，并多收集食物和淡水携带上艇。在海上求生，淡水最为重要，因此宜多收集为好，做好在海上长时间等待救援的准备。

参考文献

［1］ 龙京红，刘丽娜．邮轮娱乐服务与管理［M］．北京：中国旅游出版社，2021．

［2］ 柴勤芳．邮轮休闲娱乐服务管理［M］．大连：大连海事大学出版社，2021．

［3］ 中国海事服务中心．基本安全：个人求生［M］．北京：中国海事出版社，2012．

［4］ 檀亚芳，刘学芬．茶文化与茶艺［M］．北京：北京大学出版社，2011．

［5］ 朱世英，王镇恒，詹罗九．中国茶文化大辞典［M］．上海：汉语大词典出版社，2002．

［6］ 郑春英．从零开始学泡茶［M］．北京：中国纺织出版社，2011．

［7］ 蔡荣章．茶道入门三篇［M］．北京：中华书局，2006．

［8］ 江用文，童启庆．茶艺师培训教材［M］．北京：金盾出版社，2008．

［9］ 宋晓英．茶艺基础［M］．北京：中国林业出版社，2013．

［10］ 李东进．我爱咖啡更爱咖啡馆［M］．吴阳，译．北京：金城出版社，2014．

［11］ 冯莛．插花艺术［M］．北京：气象出版社，2009．

［12］ 曾端香．插花艺术［M］．重庆：重庆出版社，2006．

［13］ 林日葵．艺术品拍卖与典当［M］．杭州：浙江工商大学出版社，2009．

［14］ 祝君波．艺术品投资指南［M］．上海：上海三联书店，2014．

［15］ 鲍勃·克里斯特．数码旅行摄影手册［M］．焦帆，陈娟，译．北京：人民邮电出版社，2011．

［16］ 罗勇．数字摄影技艺教程［M］．上海：上海人民美术出版社，2014．

［17］ 冉玉杰，冉晶．专题摄影［M］．北京：机械工业出版社，2011.

［18］ 陈小蓉．定向运动与野外生存训练［M］．广州：中山大学出版社，2003.

［19］ 李仲广，卢昌崇．基础休闲学［M］．北京：社会科学文献出版社，2004.

［20］ 吴明深．休闲体育文化审视［M］．北京：中国科学文化出版社，2003.

［21］ 李香华，钟兴永．体育旅游与健身［M］．北京：北京体育大学出版社，2003.

［22］ 李斌．近代英国民众休闲生活变迁［D］．天津：天津师范大学，2004.

［23］ 刘树英．法国户外运动市场发展趋势［J］．文体用品与科技，2015（1）.

［24］ 章海荣，方起东．休闲学概论［M］．昆明：云南大学出版社，2005.

［25］ 刘俊敏．酒店康乐部精细化管理与服务规范［M］．北京：人民邮电出版社，2009.

［26］ “上海国际邮轮旅游人才培训基地”教材编委会．国际邮轮旅游销售实务［M］．北京：中国旅游出版社，2014.

［27］ 唐由庆．邮轮实务［M］．北京：高等教育出版社，2012.

［28］ 杨杰．邮轮运营实务［M］．北京：对外经济贸易大学出版社，2012.

［29］ Philip Gibson．邮轮经营管理［M］．陈扬乐，赵善梅，译．天津：南开大学出版社，2010.